RALF-PETER MÄRTIN
DRÁCULA
Vlad Tepes, el Empalador, y sus antepasados

Traducción de Gustavo Dessal

MAXI
TUSQUETS
EDITORES

Título original: *Dracula. Das Leben des Fürsten Vlad Tepes*

1.ª edición en Cuadernos Ínfimos: febrero de 1983
1.ª edición en colección Andanzas: marzo de 1993
1.ª edición en colección Maxi: marzo de 2009

© Verlag Klaus Wagenbach, Berlín, 1980

Ilustración de la cubierta: retrato de Vlad III Dracul, también
conocido como el Empalador. Montaje de Miguel Parreño.

Fotografías de Rosemarie Rehwald
Traducción de Gustavo Dessal

Diseño de la colección: FERRATERCAMPINSMORALES

Reservados todos los derechos de esta edición para
Tusquets Editores, S.A. - Cesare Cantù, 8 - 08023 Barcelona
www.tusquetseditores.com

ISBN: 978-84-8383-551-7
Depósito legal: B. 1.351-2009
Impresión y encuadernación: Liberdúplex, S.L.
Impreso en España

No era muy alto, pero sí corpulento y musculoso. Su apariencia era fría e inspiraba cierto espanto. Tenía una nariz aguileña, fosas nasales dilatadas, un rostro rojizo y delgado, y unas pestañas muy largas que daban sombra a unos ojos grandes, grises y bien abiertos; las cejas negras y tupidas le daban un aspecto amenazador. Llevaba bigote, y sus pómulos sobresalientes hacían que su rostro pareciera aún más enérgico. Una cerviz de toro le ceñía la cabeza, de la que colgaba sobre anchas espaldas una ensortijada melena negra.

Descripción de Vlad Tepes por Nikolaus Modrussa, delegado papal en la corte húngara

Ejército de caballeros en marcha

Indice

AGRADECIMIENTOS

Doy las gracias por su amabilidad a los colaboradores del Museo de Historia de la República de Rumanía, a los del Museo de Arte de Bucarest y a los de la Szèchènyi-Bibliothek de Budapest. Me siento obligado con Rosalyn Clive Mattews de Bruselas y Rosario Vargas, de Londres, por su ayuda en la traducción del rumano al alemán. Wolfgang Witte y Renate Wenige me han brindado su estímulo y apoyo. Ernst Piper se merece mi gratitud por su examen crítico-constructivo del manuscrito. Debo mencionar muy especialmente a Rosemarie Rehwald y agradecer su infinita tolerancia; también este libro agradece sus fotos. Dedico este trabajo mío a la señora Ingeborg Velke por su generosa ayuda, que tanto me ha aliviado.

Advertencia preliminar

Recordemos: el pedante inglés Jonathan Harker, abogado de Exeter, conversa una noche sobre historia de Transilvania. El lugar: un ruinoso castillo en algún lugar al norte del paso del Borgo. La hora: después de la medianoche. El interlocutor: el conde Drácula.

El conde se muestra animado, habla apasionadamente. Hay algo de monstruosa vivacidad en su descripción de la lucha contra los turcos, y la historia familiar que exhibe ante el inglés respira una autenticidad siniestra. Proviene de la tribu de los szekler, dice el conde, quienes durante siglos habían abogado por su independencia respecto a los turcos y Hungría. La derrota en la batalla de Kosovo no los ha quebrantado; antes bien, bajo la conducción de un Drácula, logran atravesar el Danubio y derrotar a los turcos en su propio suelo. La traición de sus propios hermanos anula este éxito, pero un conde posterior, que lleva el mismo nombre, retoma esta política y, sin miramiento alguno, moviliza todas las fuerzas para restablecer la independencia del país.

Aunque se halla interesado por ampliar en profundidad sus conocimientos históricos, Jonathan Harker no puede llevar a cabo sus buenos propósitos. El amable lector de *Drácula* sabe por qué. Bram Stoker lo precipita implacablemente del miedo al espanto. Por una parte, el posible descubrimiento del vampirismo del conde le impide a Harker comprobar en la nutrida biblioteca del castillo las afirmaciones de Drácula sobre su origen y, por otra, debido a una fiebre nerviosa no puede visitar la Biblioteca Nacional de Budapest. De regreso a Londres, la palidez enigmática de su amigo más íntimo no le da tiempo para intentar que el British Museum verifique sus observaciones en Transilvania.

Así, aislado de toda recreación científica, Harker debió sucumbir junto con innumerables víctimas, por motivos evidentes, a la triple alianza del autor —Stoker—, Drácula y el doctor van Helsing: si hubiera dispuesto al menos de un par de horas libres, Mister Harker habría encontrado en Budapest un folleto alemán del siglo xv que le habría proporcionado información fidedigna, aunque tendenciosa, acerca del *Quaden thyrane Dracole wyda*. Por cierto, este documento destila bastante atrocidad, pero no hay en él la menor huella de vampirismo. Por lo tanto, había que impedir que Jonathan Harker lo encontrase. Los tres sacrílegos pudieron restregarse las manos. Al charlatán van Helsing se le aseguró una estancia gratuita en Inglaterra de más de una semana, con pensión completa, y se le mandó a una apacible cruzada en el mar Negro; el conde Drácula volvió a salir a la luz pública, tras cuatrocientos años de olvido relativo, aunque, más tarde, merced a la ciencia, se distanció del modo de proceder de Stoker: «Efectismo barato, destinado a una total comercialización». El propio Stoker tenía muchos motivos para sentirse contento: Drácula se convertiría sin más en un vampiro.

Con todo, Stoker obra de un modo trascendental en la organización de los elementos de que dispone. Necesitaba una región lo bastante remota como para afincar un mito, y encontró Transilvania, también llamada Siebenbürger. De los grupos étnicos que allí viven, rumanos, húngaros, szekler y alemanes, los szekler se distinguen precisamente por su origen secreto, sospechándose que descienden de los hunos. Por otra parte, es cierto que se les había confiado la vigilancia fronteriza del sur y del este; pero no creen en vampiros, y en vano se buscaría al conde Drácula en sus anales; los voivodas que llevaron ese nombre eran dos príncipes rumanos del siglo xv, Vlad II Dracul, y Vlad III «Tepes», hijo del anterior, y, por lo tanto, designado también con el apodo de Dracul. Para Stoker, Vlad Tepes era un enviado del Infierno. De las fuentes que estaban a su disposición pudo deducir que Vlad se caracterizaba sobre todo por su afición a salvajes orgías de ejecución, en las que, preferentemente, empalaba a sus víctimas para después almorzar entre ellas; de ahí su apodo Tepes, «empalador». Stoker interpretó de un modo vampirista tanto esta crueldad morbosa —ya veremos en qué consistía exactamente— como el hecho de que a los príncipes rumanos del siglo xv rara vez se les concediera una muerte apacible. Tanto Vlad II como su hijo alcanzaron el fin de sus vidas prematuramente; la idea del regreso, de la vida incompleta que deseaba ser vivida hasta el final, era inherente a los dos, y el Drácula de Stoker aparece en realidad como la consecuente imposición de un pensamiento lógico y estratégico. Sólo que los objetivos de ataque han pasado a ser gigantescos, y ya no es el Danubio, sino el océano el que debe atravesarse para invadir el corazón de una potencia mundial.

Así pues, mientras el conde Drácula se dispone a partir hacia Londres, ruego al lector, en particular aquel que no desee repetir la equivocación de Harker, que suba al ascensor de la historia, a menudo incómodo, cuyos botones indican los siglos en lugar de las plantas, y que realice desde él una inspección ocular. Para ello deberá concebir el período en que se situará como relativamente lejano. La época del reinado de Vlad II Dracul constituye ya el telón de fondo apropiado sobre el que la silueta imperialista del hijo, el voivoda empalador, cobra todo su vigor.

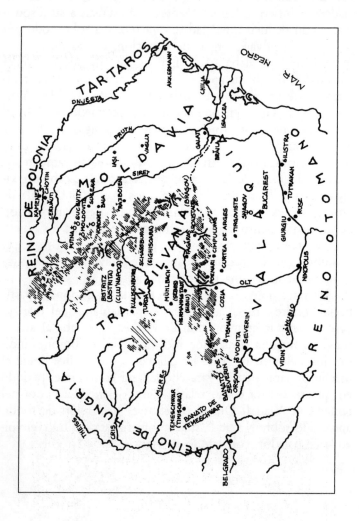

Una Dieta (1431)

El rey Segismundo en Nuremberg - Los husitas - Vlad Dracul - ¿De dónde proviene? ¿De Valaquia? - El ámbito (descripción geográfica) - Los turcos - Sombrías experiencias

Hacia mediados de septiembre de 1430, Segismundo de Luxemburgo, rey de Alemania, Hungría y Bohemia, hizo su entrada en la ciudad imperial de Nuremberg para celebrar una Dieta. Esta tenía que haber empezado ya en marzo, pero las invasiones de los husitas en Baviera, Franconia y Sajonia había vuelto inseguros los caminos, e hicieron dudar al propio Segismundo sobre la posibilidad de iniciar la Dieta tal como estaba previsto.

No se habían presentado muchos estamentos imperiales,[1] como pudieron observar los comisarios reales que habían viajado en junio para disculpar a Segismundo por su retraso y prometer su inminente visita. Cuando llegó el rey, la mayoría de los miembros, hartos de esperar, le dieron

Nuremberg

15

la espalda. Por ese motivo, Segismundo estableció una nueva fecha, a comienzos de enero. Finalmente, la Dieta pudo inaugurarse el 9 de febrero.

Al igual que las anteriores, esta Dieta se llevaba a cabo bajo el signo del peligro husita. Segismundo no había disfrutado mucho de la corona de Bohemia, de la que se sabía legítimo poseedor desde 1419. La «herejía» bohemia no se había extinguido en modo alguno con la quema de Jan Hus en el Concilio de Constanza; antes bien, se había puesto en movimiento. Las exigencias de los bohemios, que se llamaban a sí mismos seguidores de Hus, incluían también en sus consignas religiosas y eclesiásticas una plétora de conflictos sociales, reconocidos por los príncipes de la Iglesia y los señores laicos.

Desde 1420, Segismundo había intentado en vano someter a los husitas en cuatro cruzadas. Su cohesión nacional, su moral elevada, el desarrollo de nuevas técnicas de lucha, así como la capacidad militar de su líder, Zizka von Trocnov, habían hecho fracasar todos los ataques.

La última derrota databa de 1427, en la que un ejército cruzado, estimado en 100.000 hombres, ante la noticia de que se aproximaban los husitas se dispersó sin presentar batalla. Se consideraba, pues, la necesidad de una quinta cruzada que debía acabar de una vez por todas con los herejes bohemios. Para ello se necesitaba dinero, y Segismundo esperaba obtenerlo de los estamentos imperiales que se hallaban allí reunidos.

El regateo para determinar quién tenía que dar y cuánto se prolongó mucho tiempo. Segismundo, a quien los cronistas coinciden en atribuir un notable talento para la representación, había demostrado entretanto el alcance de su influencia en el mundo al erigir, en una solemne ceremonia, nuevo voivoda de Valaquia a un noble rumano llamado Vlad y al armarlo caballero de la Orden del Dragón, fundada en 1418 para luchar contra los turcos. El apodo que Vlad llevó a partir de entonces fue, por ese motivo, el de «Dracul», que, por cierto, significa «diablo» en rumano.

Juramento de fidelidad

Vlad Dracul, que tenía treinta y cinco años aproximadamente, no era ningún desconocido entre los seguidores de Segismundo. Había llegado a la corte del rey antes ya del año 1418, reclamado como rehén para garantizar la lealtad de su padre, Mircea cel Batrin (el Viejo), a la sazón voivoda de Valaquia. Bien o mal, había servido al rey en los años anteriores, permaneciendo junto a él tras la muerte de Mircea (1418), y sólo en 1423 había intentado cambiar la hospitalidad de los reyes húngaros por la de los polacos, porque esperaba de éstos la ayuda militar que los otros no querían proporcionarle. Pero detengámoslo momentáneamente en la frontera.

En Buda,[2] cuando fue erigido nuevo voivoda, Vlad Dracul se arrodilló ante Segismundo y juró:

«¡Graciosísima Majestad! Presto el juramento de lealtad y, junto a todos los boyardos y gentes a mí sujetos, juro y prometo, sin perfidia ni engaño, lealtad y obediencia a Vuestra Majestad y a sus sucesores, así como a la corona de Hungría. Que Dios y la cruz de Cristo me ayuden».

A lo que el rey respondió:

«Declaro que tú y tus territorios pasen a formar parte de mi patrimonio, y te considero con los mismos derechos y posesiones que mis voivodas»,

al tiempo que le entregaba el símbolo de su dominio, una maza de combate.

A los habitantes de Nuremberg el espectáculo les pareció mucho menos exótico de lo que en principio puede suponerse. En la conciencia de los contemporáneos, Valaquia no estaba aún situada en aquella zona gris actual, «detrás de las montañas», en la que la noción se ha mantenido a lo sumo como sinónimo de desorden. En verdad, los comerciantes de Nuremberg no trataban directamente con Transalpinia, como llamaban entonces a Valaquia los que sabían algo de latín, pero su contacto con las ciudades alemanas en Transilvania era excelente. Recibían de los Cárpatos una parte del mineral que necesitaban para su floreciente producción de armamentos, y a cambio proporcionaban manufacturas, armas sobre todo, y paños. No les era indiferente quién gobernase en Valaquia, como tampoco el rentable comercio que mantenían con Transilvania y los va-

Segismundo, emperador y rey

lacos, como había demostrado su participación en la campaña contra los turcos de 1396.³

Una mirada al mapa (pág. 14) muestra la importancia estratégica del país, pues los turcos estaban instalados junto al Danubio desde el final del siglo XIV. Del reino de Hungría —que en esa época, además del territorio central, la llanura húngara, comprendía extensas porciones de la actual Yugoslavia y Transilvania— lo separaba un reducido cinturón de pequeños estados: Serbia, Bosnia y Valaquia. La política de Segismundo respecto a los Balcanes consistía en situar a estos estados bajo la supremacía húngara para proteger así la frontera sur de Hungría de los ataques turcos. De ahí la enorme importancia de Valaquia, dado que en su territorio se encontraban las puertas hacia Transilvania.

La meseta de Transilvania está situada en el extenso ani-

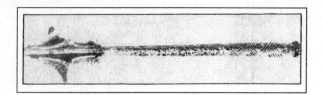

llo de los Cárpatos, que la rodean por el norte, el este y el sur. Mientras que los estrechos y sinuosos pasos, que conducen por el este a Moldavia, son fáciles de bloquear, existen al sur dos grandes brechas en los Cárpatos: el paso de Roten-Turm, que conecta la ciudad de Hermannstadt (Sibiu) con la Pequeña Valaquia (Oltenia) situada al sur, y el paso Predeal, que representa la unión de Kronstadt (Brasov) con la Gran Valaquia (Muntenia). El paso de Roten-Turm resultaba especialmente apropiado para una invasión de Transilvania. Los cruces montañosos en el oeste y el este alcanzan en sus cumbres alturas de más de 2.500 metros, mientras que este paso sólo llega como máximo a los 380 metros, formando el valle del río Olt. Es demasiado ancho para poder ser bloqueado con éxito. Las fortificaciones del paso en su extremo norte tenían, además de las funciones de control y aduana, la misión de retener todo posible enemigo, a fin de que en Hermannstadt a 40 kilómetros de distancia, pudieran tomarse medidas de defensa. Era una postura táctica, pero no estratégica. Una defensa efectiva requería los territorios situados al pie de las montañas: Valaquia.

El principado, que de norte a sur iba desde el Danubio hasta Transilvania, separado al este del principado de Moldavia por el río Milcov y que llegaba por el oeste hasta las Puertas de Hierro, el paso del Danubio, ocupó en su momento de máxima expansión una superficie aproximada de 125.000 kilómetros cuadrados. Eso había ocurrido hacia el año 1415, durante el dominio de Mircea cel Batrin. Mircea había aprovechado bien la destrucción de las fuerzas turcas tras la batalla de Ankara,[4] extendiendo su principado hasta el

Arriba: restos de la fortificación. *Abajo:* Roten-Turm

sur del Danubio, especialmente Dobrudja. Con la fortificación del puerto y la ciudad de Kiliá, que controlaba la desembocadura del Danubio, y el refuerzo de los cruces en Giurgiu, Silistria e Isacea, había procurado que el Danubio hiciera de frontera defensiva. Desde el punto de vista de la política exterior, combinó sus éxitos militares con el oportunismo. Reconociendo por una parte la superioridad del sultán, se sometió por otra al rey de Hungría, y finalmente juró lealtad al rey de Polonia. A Mircea no le preocupaban las apariencias, porque para él lo importante era la independencia *de facto*.

Sin embargo, ya durante el gobierno de Mircea, una formidable ofensiva turca anuló en parte sus éxitos. Tras su muerte, el avance turco aceleró la disputa en torno a los sucesores y a la imposibilidad de organizar la ayuda húngara, dado que Segismundo consideraba que su misión urgente era derrotar la rebelión husita. A mediados de la década de los años veinte, en el siglo xv, la franja territorial al sur del Danubio había vuelto a perderse, banderas turcas flameaban sobre las fortificaciones construidas por Mircea, y los turcos ocuparon el trono de Valaquia, situando en el mando a un voivoda que les era sumiso. Los ataques a Transilvania acarrearon las quejas contra Segismundo debido a su inactividad.

Por fin, en 1427, el rey asumió la iniciativa. Apareció en Valaquia a la cabeza de un ejército húngaro, colocó allí a un príncipe favorable a Hungría, Dan II, y reforzó nuevamente los cruces del Danubio. También escribió a los caballeros de la Orden Teutónica, en Prusia, invitándoles a participar en la guerra contra los impíos, cosa que rechazaron agradecidos.[5] No obstante, al año siguiente, Segismundo continuó su campaña hasta que, delante de la fortaleza serbia de Galambocz, sufrió una dura derrota y regresó a Hungría. Sus conquistas volvieron a perderse, y los turcos recuperaron las fortificaciones del Danubio. Dan II, quien, como vasallo de Hungría, había participado en la campaña de Segismundo con un contingente de valacos, se vio obligado a pagar tributo al sultán, puesto que no quería arriesgarse a que le responsabilizara de una expedición represiva.

A partir de entonces, se le consideró poco fiable. Por ese motivo, la investidura de Vlad Dracul no podía concebirse como un mero gesto, sino que significaba la reanudación de la política húngara en los Balcanes: a Vlad Dracul no sólo se le confirió el título de «Protector de la frontera transilvano-valaca», sino que Segismundo tuvo que comprometerse a conceder subsidios y un contingente de tropas.

Tras la Dieta, Vlad Dracul se dirigió hacia Schässburg (Sighisoara), donde poseía una casa; desde ese momento todos sus esfuerzos se volcaron en convertir la opción al voivodato en una toma del poder.

Con ello un miembro rumano de la pequeña nobleza quedaba desplazado. Este hombre, llamado Juan Hunyadi, que desde 1430 se hallaba al servicio de Segismundo, encargado fundamentalmente de tareas militares, desempeñaría un papel protagonista en la vida de Vlad Dracul y la de su hijo.

Revueltas valacas (1431-1442)

Vlad Dracul en Transilvania - Nacimiento de Vlad Draculea - Vlad Dracul, voivoda de Valaquia - La rebelión campesina - Paso al bando de los turcos - Escila y Caribdis, o la política exterior valaca - Vlad Draculea como rehén de Turquía

Siebenbürger o Transilvania es uno de los *patchworks* étnicos más coloridos del mapa europeo. En el siglo xv, al igual que hoy, la población se componía de cuatro grupos principales: los rumanos, los húngaros, los szekler y los sajones.

Los alemanes habían llegado al país durante los siglos xii y xiii en múltiples flujos inmigratorios. En su mayor parte, provenían de la zona del Rin en su unión con el Mosela; no obstante, fueron denominados «sajones» por los funcionarios húngaros, porque habían tomado una ruta migratoria que partía del Rin y atravesaba Alemania Central, y los húngaros confundieron esta región intermedia de su recorrido con la de su verdadero origen. Gracias a un privilegio que les concedió el rey de Hungría en 1224, el *Andreanum,* quedaron libres de establecer en los territorios que se les asignaban su propio derecho alemán, así como plena autonomía administrativa. Su principal ámbito de colonización fue el norte y el sur de Transilvania, donde fundaron, como puntos centrales de un comercio floreciente, las ciudades de Hermannstadt y Kronstadt, Bistrita y Schässburg (esta última situada en las proximidades del paso del Borgo, donde Jonathan Harker consume el «ladrón asado» que Drácula le hace probar en el castillo). Los colonos se establecieron, pues, en las regiones más ricas de Transilvania, lo cual les garantizaba altos rendimientos agropecuarios. Como los sajones eran también consultados por sus conocimientos de minería —las minas de oro transilvanas eran consideradas improductivas, pero había importantes yacimientos de sal—, su influencia social se extendió allende su sector demográfico. Tanto en el comercio como en muchas actividades artesanales gozaron pronto de una situación monopólica. En virtud de su importancia económica, a partir de 1289 participaron en el Landtag de la nobleza húngaro-transilvana en calidad de *natio recepta*.[1]

No puede determinarse con exactitud de dónde provienen los szekler, la segunda *natio recepta*. Puede dudarse de si son realmente descendientes de los hunos, vigilantes de frontera enviados al oeste por Atila, como cuenta la leyenda,[2] pero generalmente se considera Asia Central como su lugar de origen. Los szekler se establecieron al sudeste de Transilvania. Su misión era la vigilancia fronteriza. Por ello, el rey de Hungría les había conferido privilegios. Eran equiparados a los nobles, por lo tanto estaban representados en el Landtag con voz y voto. No pagaban impuesto alguno y no se sometían al derecho real. Sobre el suelo que se les había otorgado mantenían un derecho urbano exclusivo y, al igual que los sajones, gozaban de autonomía absoluta.

Del lado del león de Transilvania, estaba la tercera *natio,* la nobleza húngara. Organizada en siete condados, se ocupaba intensivamente de convertir en siervos a lo que quedaba del campesinado libre y de elevar las prebendas. La nobleza era el estrato políticamente más poderoso. De sus filas salía siempre elegido el voivoda de Transilvania y, como compensación de estas múltiples ventajas, le correpondía, al menos teóricamente, la defensa del país.

El grupo étnico numéricamente más fuerte, el de los rumanos, no estaba presente en el Landtag; carecía de derechos políticos. En qué medida formaban parte de los grupos étnicos propiamente autóctonos de Transilvania, que, a consecuencia de la expansión del reino húngaro, se vieron rechazados hacia el sur y el este, o hasta qué punto fueron sometidos, es una discusión que ha llenado volúmenes enteros. La historiografía húngara sostiene que Transilvania resultaba de un vacío demográfico que Hungría no tuvo que conquistar, tan sólo poblar y defender de los ataques provinientes del sur y el este. Los rumanos habrían inmigrado tan sólo más tarde. Otras fuentes aluden a un legendario voivoda rumano que defendió Transilvania contra Hungría, pero que fue derrotado. Sea como fuere, los distintos modos de producción agropecuaria mantuvieron limitados al principio los conflictos. Los rumanos eran pastores nómadas, mientras que los húngaros y los alemanes eran fundamentalmente agricultores. Transilvania (62.000 kilómetros cuadrados) tiene aproximadamente el tamaño de Baviera. Su población hacia el final del siglo xv era de apenas medio millón, vastas franjas de territorio se hallaban despobladas, y la coexistencia de las formas de producción agropecuaria era relativamente pacífica. En los comienzos, el rey de Hungría había conferido privilegios a los rumanos por los mismos motivos que a los colonos alemanes. Debían colonizar la periferia para proteger de este modo la región central. Dependían directamente de la Cámara Real (la administración financiera). Los gravámenes que tenían que pagar eran escasos. Cuando la nobleza húngara comenzó resueltamente a convertir Transilvania en un Estado feudal, tanto la posición social como nacional de los rumanos se debilitó. Boyardos y miembros de la capa dirigente rumana, deseosos de cooperar, fueron incorporados y asimilados a las capas superiores húngaras, mientras que los demás se convirtieron en siervos de la gleba.

Por lo tanto, tiene sentido ver en la fundación de los principados rumanos de Valaquia y Moldavia, en la primera mitad del siglo xiv, una reacción a la creciente presión húngara y alemana.[3] También en el campo de la religión, la situación de los rumanos era precaria. Las tres «naciones» aceptadas profesaban el catolicismo y reconocían a la Iglesia Romana, mientras que los rumanos se sentían pertenecientes a la Iglesia Ortodoxa griega, cuya cabeza era el patriarca de Constantinopla. La pretensión de exclusiva representación por parte del obispo de Roma, en el sentido de presidir como Papa el conjunto de la cristiandad, había sido rechazada categóricamente por la Iglesia oriental. Recíprocamente, ésta había sido excomulgada y tachada de hereje en el año 1054.[4] Los conflictos quedaban planteados: así, a lo largo de Transilvania, se trazaba el límite de influencias eclesiásticas rivales.

El hecho de que la Iglesia de los húngaros y los alemanes fuera la de sus amos, la hacía tan poco atractiva a los rumanos como los tres inquisidores que el Papa había enviado a Transilvania para convencerles con sus métodos: el repertorio represivo iba desde la prohibición de construir iglesias de piedra,[5] pasando por la conversión forzosa de obispos ortodoxos a la fe católica, hasta la ejecución por empalamiento de rumanos recalcitrantes que se negaban a convertirse. Semejante comportamiento indujo al propio rey de Hungría a enviar al Papa una carta de protesta. Necesitaban la fuerza laboral de los rumanos, sin duda, pero al control político le sumaban el control religioso. No podían hacer otra cosa, pues existían muchos factores de inseguridad: no sólo se trataba de que los voivodas rumanos de Moldavia y Valaquia concedieran un gran valor a la independencia de su organización eclesiástica, sino que incluso en el Estado moldavo se les proporcionara asilo y protección a los husitas prófugos. Para la conciencia de la Iglesia Católica, semejante conducta rozaba el límite de la herejía.

Vlad Dracul tenía que conciliarlo todo. El protegido de Segismundo —puede admitirse con certeza— se había convertido a la fe católica desde hacía mucho tiempo y, entre otras cosas, representaba ciertas esperanzas del clero católico para obtener una mayor influencia sobre el principado de Valaquia.

Debieron abandonar sus esperanzas. En el curso del año 1431, que tan prometedoramente había comenzado para Vlad, se produjeron amargas decepciones. Apenas llegado a Schässburg, le llegó la noticia de que ya se había produci-

Casa natal de Vlad Tepes en Schässburg (Sighisoara)

do el cambio de trono en Valaquia. Al parecer, Dan II inspiraba muy poca confianza no sólo a los húngaros, sino también a los turcos. Pero el sultán había demostrado ser más rápido. Con la ayuda turca, su candidato se habría afirmado en sus estribos. Alexander Aldea, tal era su nombre, no era un desconocido para Vlad Dracul: era su hermanastro.

Alexander gobernó con bastante habilidad. Dio muestras de una disposición comprensiva y dejó entrever que podía limitar sus inclinaciones hacia los turcos. Por lo tanto, aguardaba. La posición de Vlad Dracul empeoró aún más cuando, en agosto, se conoció el deshonroso resultado de las campañas bohemias. El quinto intento de Segismundo por tomar posesión definitiva del reino había fracasado más lastimosamente que los anteriores.

«El escenario era el mismo que en la anterior ocasión, en la región fronteriza de Tachau, como si el *genius loci* reinara allí bajo la forma de un dios del pánico. Levantó su mano con negligencia, haciendo una señal, y los cruzados retrocedieron. Ni siquiera esperaron la aparición de los husitas. Bastó el ruido sordo de las ruedas de los carros de combate que marchaban alineados, el lejano y bien conocido canto coral de los husitas "Somos los guerreros de Dios"; bastó que el general Friedrich von Hohenzollern fuese el primero en ordenar un "pequeño cambio de posición", como confesó él mismo más tarde, para que la retirada se convirtiera en una estampida salvaje, los escuderos arrojaran su carga para poder huir más rápido, la artillería yaciera inmóvil y los caballeros salieran corriendo hacia el bosque. Tan sólo el formidable botín y la oscuridad que se avecinaba detuvieron a los husitas.»[6]

Ya no podía esperarse más ayuda de Segismundo. Además, pocas semanas después, el rey envió una expedición a Italia para que se adhiriera a su corona real, que era todavía la del Imperio. A tal fin, reclutó las tropas en Hungría. Vlad Dracul debió confiar en que alguna vez vendrían tiempos mejores.

Es de dominio público que el «héroe» de esta historia nació aquel mismo año de 1431, en Schässburg. Era el segundo hijo de Vlad Dracul (el primero, llamado Mircea, había nacido en 1428), y se le llamó, de acuerdo con su padre, Vlad el hijo de Dracul, o sea, Draculea.
Al año siguiente, 1432, los turcos invadieron Transilvania y arrasaron Burzenland, la región que rodea Kronstadt. Alexander Aldea había intentado desesperadamente en dos misivas obtener ayuda de los sajones. No la consiguió, a pesar de que supo llamar la atención sobre la necesidad de una acción común:

«[...] de este modo, hermanos míos, junto a vosotros, podré resistir; de lo contrario, no [...]. Daos prisa para brindarme ayuda, pues, si a nosotros nos va mal, a vosotros os irá aún mucho peor».[7]

Por lo tanto, a Alexander no le quedó opción. Para demostrar su lealtad al sultán, acompañó al ejército turco en el saqueo. A partir de entonces, se convirtió en enemigo de los transilvanos y se vio comprometido con los turcos.

Estos acontecimientos no alteraron a Vlad Dracul. Ahora, más que nunca, se proponía como candidato opositor prohúngaro. Su segundo matrimonio con una princesa moldava, Eupraxia, una hermana de los príncipes gobernantes, Ilias y Esteban, le llevó a abrigar esperanzas de una ayuda moldava.

No se sabe de qué contingentes auxiliares se compuso la reserva en la que Vlad Dracul se apoyó para convertirse finalmente en príncipe de Valaquia. En 1435, a lo sumo 1436, se instaló por fin en Tirgoviste, capital del principado. Alexander Aldea huyó con los turcos.

La estructura del principado valaco estaba perfectamente diferenciada del transilvano. Su medio millón de habitantes representaba una cerrada unidad étnica. Sólo en Cimpulung, una ciudad que la Orden de Caballeros Teutones había poseído y gobernado durante un tiempo, existía una minoría alemana. La masa de la población vivía en la región periférica de los Cárpatos. La planicie del Danubio, que por entonces se hallaba cubierta de espesos bosques, estaba escasamente poblada.

Tirgoviste, Cimpulung, Curtea de Arges, Pitesti, Rimnicu y Tirgu-Jiu eran los centros comerciales controlados casi en su totalidad por las ciudades alemanas de Transilvania. Braila, situada junto al Danubio, constituía el principal puerto comercial. Las ciudades eran pequeñas y débilmente protegidas. Las murallas eran una excepción. Una crónica turca informa que incluso Tirgoviste estaba defendida sólo por una empalizada. Existían fortificaciones sobre el Danubio, pero estaban en poder de los turcos. Desde 1410, época en la que Mircea cel Batrin había conducido el principado a la cima de su poder, el país que llegó a manos de Vlad Tepes se había reducido a cerca de una cuarta parte de lo que había sido.

Grosso modo, la estructura social del principado podía dividirse en: los príncipes (voivodas) y sus familias, la clase superior de los boyardos, y, finalmente, los campesinos. A diferencia de Hungría y Transilvania, en Valaquia se había desarrollado el sistema feudal de carácter occidental que se hallaba en sus inicios. El sector del campesinado libre, donde el príncipe reclutaba su ejército en caso de guerra, era comparativamente elevado; el límite entre este sector y las clases boyardas más inferiores, que eran tres, era confuso. Los boyardos cedían aquellas tierras de sus propiedades, que ellos mismos no trabajaban, a campesinos dependientes, quienes pagaban un diezmo y les proporcionaban mano de obra. Mediante privilegios concedidos por el príncipe, el estrato boyardo superior configuró así su posición con perjuicio de los campesinos que permanecían libres, en el sentido de un feudo con funciones de ejército, tribunal y administración. Estos grandes boyardos, junto con los dignatarios eclesiásticos más elevados, formaron una especie de Consejo al que el príncipe debía consultar en las decisiones importantes sobre política interior y exterior. Los boyardos eran asimismo necesarios cuando se trataba de la elección de un nuevo príncipe. Como en Valaquia no existía la primogenitura, cualquier miembro masculino de la familia dominante tenía opción a ser elegido. La elección se llevaba a cabo en una gran asamblea de boyardos, en la que el alto clero, del mismo modo que en el Consejo, se hallaba representado. Este procedimiento ofrecía diversas posibilidades a la táctica habitual de los boyardos, que consistía en valerse mutuamente de sus candidatos para aumentar ambos sus propios derechos y privilegios.

Al Consejo y la Gran Asamblea de los boyardos se le sumaron otras formas de dominio y organización, derivadas por una parte de Serbia y Bulgaria, es decir, indirectamente de Bizancio, y por la otra de Hungría, lo cual es evidente dada la situación geográfica de Valaquia. Al igual que en Hungría había un mariscal *(comisul)*, coperos *(stolnic)* y un custodio de las llaves *(cluciare)*; del lenguaje cancilleresco de Bizancio procedía también la denominación del cargo de tesorero *(vistierul-thesaurarius)*. La cabeza de la Administración era el *vornicul*, el juez supremo. Los funcionarios eran nombrados directamente por el príncipe.

La posición del voivoda era también débil por el hecho de que generalmente los boyardos se ponían de acuerdo en un candidato con escasas posesiones territoriales. No poseía «poder dinástico» y dependía aún más de la cooperación de los boyardos. Tampoco le era fácil destituir a los boyardos que gozaban de poca popularidad. Si deseaba hacerlo, se veía obligado a emplear los caminos legales y tenía que demostrar que existía traición o negativa al pago del impuesto. A partir de ese momento el proceso se demoraba mucho tiempo y, entretanto, muy escasos príncipes conseguían mantenerse en el poder.

La Iglesia Ortodoxa rumana constituía otra de las fuerzas en el poder que Vlad Dracul debía tener en cuenta. No estaba tan rígidamente organizada como la Iglesia occidental, pero disponía de importantes conventos con grandes posesiones territoriales, como Tismana, Govora, Vodita, Cozia y Snagov. Al igual que en el resto de Europa, las propiedades de la Iglesia estaban exentas de impuestos. No obstante, en caso de guerra, se suspendía este privilegio. Análogamente al deber de los boyardos de procurar armamento para el ejército, los conventos hacían entrega de pagos en dinero o proporcionaban víveres. La sede del único obispo era Curtea de Arges, la antigua sede del voivoda antes del año 1400.

La Iglesia Ortodoxa rumana seguía siendo independiente. Aliada nominalmente de la Iglesia Ortodoxa rusa, pudo convertirse en una «Iglesia nacional», porque la posición del patriarca de Constantinopla no podía compararse con la del Papa. La Iglesia oriental mantenía una unión relajada con la Iglesia nacional, a la que el patriarca de Constantinopla presidía como jefe tan sólo *ad honorem*. Su influencia radicaba más en la superioridad de la cultura cristiana bizantina que en el ejercicio directo de un poder religioso.

Los príncipes rumanos habían reconocido muy tempranamente las posibilidades de esta estructura, por lo que intentaron forzar la centralización de su Iglesia nacional y crear, mediante los conventos allegados al príncipe, un contrapeso para los territorios de los boyardos, procurando utilizar la Iglesia para reforzar su propio poder.

Por el contrario, Segismundo estaba interesado en conectar el principado rumano lo más estrechamente posible al reino húngaro. Para ello, la Iglesia Católica se ofreció como mediadora. Vlad Dracul debía colaborar con ella para conseguirle una penetración en Valaquia. En 1436, nombró a un tal Gregorio obispo católico de Milcov. De este modo manifestó su intención de crear una organización eclesiástica católica, lo cual había sido una de las condiciones para recibir la ayuda occidental.

Es poco probable que Vlad Dracul hubiera impulsado la construcción de una organización eclesiástica rival. Había ocupado el principado mediante las armas y debía tratar de crearse una base duradera de poder. Una disputa con la Iglesia Ortodoxa rumana le habría resultado sumamente inoportuna.

Aun así, apenas había tiempo para disputas teológicas. La política exterior se manifestaba bajo un signo tormentoso. Los turcos disponían los preparativos para una nueva ofensiva. Pero, esta vez, ningún pachá o *beg* conduciría el ejército turco, sino que lo haría el sultán Murat II personalmente.

Los acontecimientos se precipitaron. En el verano de 1437, fuertes avanzadas turcas se establecieron en Semendria, cruzaron el Danubio y arrasaron la región que rodea Temesvár (Timisoara), el Banato. Simultáneamente, los campesinos rumanos y húngaros de Transilvania se sublevaron: sajones pobres, entre ellos miembros de la clase baja urbana, se les unieron. Era el intento desesperado por reconquistar la libertad que les había sido usurpada, de suprimir la servidumbre y reducir las contribuciones. El movimiento tomó el nombre de la colina en la que se congregó el ejército campesino: la rebelión de Bobilna.

Al principio, los campesinos eligieron la vía de la negociación. Los delegados presentaron sus reclamaciones a los nobles. Como respuesta, el voivoda de Transilvania ordenó la ejecución de los emisarios, lo cual significaba una declaración de guerra. A finales de junio, se inició la batalla. Sucedió lo inesperado. Los campesinos, mal preparados e insuficientemente armados, derrotaron a las fuerzas de los nobles.

Desde el punto de vista de Vlad Dracul, aquello sólo podía significar que su vasallaje a Hungría, el deber de prestar ayuda recíproca, ya no valía un centavo: Transilvania ya no podía considerarse un apoyo en la defensa contra los turcos. En vista del resultado de los avances turcos, mucho menos podía considerarse Hungría una fuerza defensiva suficiente. Al igual que sus predecesores, a Vlad Dracul no le quedó otra opción. Sin aliados, habría tenido poco sentido luchar contra los turcos. La devastación de Valaquia y la pérdida de su trono habrían sido consecuencias inevitables.

Vlad Dracul hizo sus preparativos. Hacia finales del verano de 1437, rindió homenaje al sultán con una magnífica comitiva de 300 boyardos e hizo entrega del tributo. Para él, eso significaba mantenerse en reserva hasta el próximo año.

Entretanto, la nobleza de Transilvania llegaba a un acuerdo con los rebeldes: concedía a los campesinos el derecho a la libertad. Estos quedaban exentos de la gleba y obtenían, además, una sensible reducción de los gravámenes. La nobleza ganaba tiempo para una contraofensiva. El 16 de septiembre, se firmó un tratado de alianza con los szekler y el patriciado urbano sajón. El pacto, conocido con el nombre de «Unio Trium Nationum», definía la independencia recíproca. La nobleza necesitaba la fuerza productiva y financiera de las ciudades alemanas contra los campesinos, y éstas precisaban a su vez de la nobleza para defenderse de los turcos:

«[...] llegado el caso de que los así llamados turcos osaran alguna vez atacar e invadir estas áreas del país, y éstas se hallaran en apuros, los nobles ya mencionados se comprometen a acudir y prestar ayuda a la llamada Sajonia, en carácter de unión fraterna respectiva; por otra parte, los sajones se comprometen a acudir y prestar auxilio a los nobles contra sus enemigos y rivales para reprimir la insolencia de los malvados campesinos».[8]

Una vez asegurado el apoyo recíproco, las acciones bélicas no tardaron en reanudarse. Los campesinos resistieron cuatro meses más. En enero de 1438, fueron derrotados y sufrieron las consecuencias de inhumanos juicios. A la clase alta le quedó la mala conciencia de estar sentada sobre un barril de pólvora. De ahí que se renovaran los acuerdos el 6 de febrero de 1438.

Mientras tanto, en el reino también se habían producido cambios. El 9 de diciembre de 1437, moría en Znaim (Moravia) Segismundo, emperador rumano y finalmente reconocido rey de Bohemia. Su sucesor en Hungría y Bohemia fue su yerno Alberto, también elegido rey de Alemania, como Alberto II, en marzo de 1438. Se destacaba como un experimentado jefe militar y, de acuerdo con el testimonio de un cronista checo, «era bueno, temerario y compasivo, a pesar de ser alemán».[9] Consideró que la guerra contra los turcos era su tarea más urgente.

A pesar de su decisión de pagar tributo al sultán, Vlad

Dracul no se lamentaba. Más bien, a partir del desarrollo de los acontecimientos alemanes y húngaros, reforzó su apreciación pesimista de la situación. Mientras Alberto se ocupaba aún de ser reconocido en su propio reino, convocando una Dieta para julio en Nuremberg y fijando otra posterior para octubre, el ejército turco estaba ya a orillas del Danubio.

En mayo, Murat II penetró en Valaquia, donde su fiel vasallo Vlad Dracul le proporcionó apoyo con tropas y provisiones. Acompañados por Vlad Dracul, los turcos atravesaron los pasos de los Cárpatos y llegaron a Transilvania, que se hallaba débilmente defendida. Un segundo ejército turco operaba en Serbia, y amenazaba su capital Semendria (Smederevo), a la que el déspota[10] Jorge Brankovic había provisto de una poderosa muralla de contención.

Los turcos sitiaron durante ocho días la ciudad de Hermannstadt, fuertemente asegurada. Viendo la inutilidad de sus esfuerzos, se retiraron de la ciudad hacia el norte y saquearon el territorio. En julio, estaban ya a las puertas de Mühlbach (Sebes).

La posición de Vlad Dracul era sumamente delicada. En la suerte que había corrido Alexander Aldea podía calibrar lo que significaba enemistarse con las ciudades sajonas. Por lo demás, había recibido ayuda de ellas y reclamado su hospitalidad; finalmente, parte del principado valaco, el ducado de Fagaras, se hallaba en una situación muy expuesta al ámbito transilvano. La solución que Vlad Dracul eligió para el problema consistió en aprovechar con elegancia todos los flancos.

La población de Mühlbach, que en tiempos de paz apenas se componía de 1.500 habitantes, había aumentado considerablemente con la llegada de los refugiados. La ciudad se encontraba en un pésimo estado defensivo. Murat II ordenó el inicio inmediato de los preparativos para el sitio. Entonces, intervino Vlad Dracul. Un testigo ocular, «el estudiante Rumeser», describió su acción:

«El duque de Valaquia que había llegado con los turcos, debido a la vieja amistad que otrora había mantenido con los habitantes y ciudadanos de aquella ciudad, se aproximó a las murallas, exhortándolos a que siguieran su consejo. Invocando el hecho de su debilidad e insuficiencia numérica para resistir, les pidió que no lucharan, sino que se rindieran alegremente. El obtendría de los turcos la concesión para que la clase superior de la ciudad mantuviera allí sus bienes, y siguiera a los turcos hacia su país. Una vez allí, decidiría libremente permanecer o regresar al hogar. El resto de la población llevaría consigo sus bienes por si acaso decidiera ocupar una tierra que se les concediera».[11]

Para apreciar correctamente el proceder del voivoda, es preciso considerar lo que, de otro modo, les hubiera esperado a los habitantes de Mühlbach. Tras la acción de guerra, una ciudad tomada por la violencia era entregada a los soldados para su saqueo, lo cual habitualmente degeneraba en excesos sangrientos. Exceptuando algunos «principales de la ciudad», la población de Mühlbach fue conducida al reino de Turquía, pero las condiciones en las que este hecho tuvo lugar —integridad física y de bienes, posibilidad de regresar en el caso de que se deseara— fueron notablemente distintas de aquellas que nuestro testigo ocular, «el estudiante Rumeser», tuvo que afrontar, puesto que pertenecía a un grupo de ciudadanos que se negó a aceptar acuerdo alguno. Levantaron barricadas alrededor de una torre y resistieron todo un día. Al anochecer, los turcos les prendieron fuego y «nos cocinaron y asaron lo mismo que a un pan en el horno». Los pocos supervivientes, entre los que se hallaba el estudiante, fueron engrillados y llevados al mercado de esclavos de Andrianópolis (Edirna). La deferencia del sultán debió deberse al conocimiento que tenía de que Mühlbach gozaba de buena reputación como ciudad curtidora. Los cueros que allí se manufacturaban eran vendidos en Praga

Invasión turca

y Viena. Siempre podían necesitarse buenos artesanos en el reino turco.

Después de la destrucción de Mühlbach, los turcos se retiraron y cruzaron el Danubio, cargados con un rico botín y arrastrando consigo a 70.000 hombres. Por el contrario, Vlad Dracul se apresuró a liberar a sus prisioneros; de acuerdo con un documento del rey Alberto, volvieron a su patria a comienzos de 1439.

Valaquia pudo tomarse un respiro. En 1439, el escenario de guerra se trasladó a Serbia. Jorge Brankovic huyó a Hungría, que todavía era segura. Semendria capituló tres meses más tarde. Alberto, quien intentó organizar un ejército de socorro, halló poco entusiasmo. Se desataron epidemias entre las tropas reunidas apresuradamente. La mayor parte del ejército se disolvió. En medio del desmoronamiento general, apareció sin embargo un rayo de esperanza, un pequeño grupo que había combatido valientemente. Su jefe era Juan Hunyadi, con quien nos hemos topado ya en la Dieta de Nuremberg.

Hunyadi había aprovechado muy bien los años anteriores. En el otoño de 1431, acompañó a Segismundo a Italia y aprendió allí el sistema de la guerra «moderna», que ya no recurría al reclutamiento de nobles, sino que se componía de mercenarios. En Milán trabó conocimiento con el famoso condotiero Francesco Sforza. Tras la coronación de Segismundo como emperador, regresó con él a Bohemia, demostrando allí también su coraje y su perspicacia. Sobre todo se familiarizó con las técnicas de combate husitas. La fineza táctica que habían desarrollado, la de formar una valla circular con los carros en cuyo centro podían descansar de la batalla campal, le impresionó vivamente. Posteriormente puso en práctica este ingenio en el desarrollo de la lucha. Alberto había mantenido a su servicio al eficiente guerrero y, en la primavera de 1439, le encomendó la protección de un sector de la frontera entre Hungría y Turquía. Hunyadi cumplió debidamente esta misión. Su comportamiento en Semendria volvió a incrementar enormemente su prestigio. El 27 de septiembre, el rey le nombró Banus (conde) de Severin, la marca fronteriza húngara más al sudeste y a la vez más amenazada; eso significaba el ascenso a la alta nobleza. Hunyadi sólo tenía treinta años.

Alberto II, quien había enfermado de disentería, partió hacia Viena para restablecerse, pero sucumbió a la enfermedad en el camino.

Los disturbios que estallaron a partir de entonces demuestran que el sultán tenía un aliado indirecto en la lucha partidaria de la nobleza húngara.

La viuda de Alberto, Isabel, reclamó la corona de Hungría y Bohemia para su hijo, quien la esperaba. Naturalmente, se formó de inmediato una facción de la nobleza que la apoyó en sus pretensiones. A Federico III, sucesor de Alberto en el trono de Alemania, se le designó tutor del posible heredero.

Otra facción nobiliaria, a cuya cabeza pronto estuvo Juan Hunyadi, era partidaria del rey polaco Vladislav, de quince años de edad. Esgrimían argumentos de peso. En los últimos diez años, Hungría había perdido todos sus territorios periféricos. Bosnia y Valaquia pagaban tributo al sultán, mientras que Serbia estaba en poder de los turcos. Unicamente la fortaleza de Belgrado impedía aún que el enemigo penetrara en el corazón del reino. Ningún ejército europeo había podido derrotar a los turcos hasta el momento. En vez del pequeño, a cuyo tutor no se le reconocía ningún derecho, se recomendaba al joven rey polaco.

Polonia era considerada una gran potencia. A partir de su estrecha unión con Lituania, se extendía desde el Oder hasta el Dniéper, comprendiendo, además de su propio centro, ambas orillas del Vístula, Ucrania y vastas regiones del posterior Imperio ruso, con las ciudades de Kursk, Smoliensk y Poltava. Carecía de acceso al Báltico, pero lo tenía al mar Negro: el principado rumano de Moldavia era su vasallo. Unida a Hungría, esta inmensa masa territorial se volvería temible para los turcos. Así lo entendió Vladislav, y su consejero Zbigniev Olesnicki, obispo de Cracovia, humanista y piadoso cristiano, reforzó su opinión. Hungría y Polonia juntas expulsarían a los turcos de Europa, liberarían Constantinopla y obligarían a la Iglesia Ortodoxa rusa a volver al catolicismo.

Además de estos objetivos tan lejanos, había que encargarse de la política más inmediata. El compromiso, contraído con grandes esfuerzos, de estudiar la posibilidad de casar a Isabel, de 16 años, con Vladislav y de reconocer al segundo hijo como sucesor quedó roto. Acto seguido, Isabel jugó sus cartas a tumba abierta: reclamó para su hijo Ladislao el Póstumo, nacido en febrero de 1440, todo el poder que había sido de Alberto. El 15 de mayo lo mandó coronar; la corona de Esteban,[12] necesaria para la ceremonia, la había retenido Isabel justo a tiempo. El 17 de julio, Vladislav también tomó la corona, aunque debió conformarse con una diadema sustitutiva.

En suma, en el verano de 1440 había tres ejércitos en

suelo húngaro. El que representaba a Isabel luchaba contra las tropas húngaro-polacas de Vladislav, mientras Murat II entraba en el sur de Hungría y rodeaba Belgrado. Paralelamente, continuaban las acciones de saqueo en Transilvania, al tiempo que bandas turcas llegaban hasta el Adriático.

Se rompió la defensa local al sur de Hungría. Hordas de jinetes turcos se desparramaban, incontenibles, por la tierra llana, incendiaban aldeas, saqueaban y se procuraban un botín humano. Belgrado resistía a duras penas:

«Murat organizó la instalación de minas, trincheras y accesos a la fortaleza. Ordenó por lo tanto cavar, y habrían tomado Belgrado de no ser por un cristiano, quien avisó a los defensores por medio de una misiva atada a un dardo. Cuando el comandante Vranas se hubo enterado, envió hacia el exterior una contramina, halló bajo la tierra la mina de los turcos y encendió la pólvora. Se dice que 17.000 turcos murieron quemados por esta mina [...]».[13]

El territorio adyacente perdió la tercera parte de su población. Los turcos hicieron tantos prisioneros que «se podía comprar una bella joven por un par de botas».[14]

Si se compara el caos que reinaba al sur de Hungría con el estado en que se encontraba Valaquia, no puede por menos que emitirse una opinión favorable al principado. Sin embargo, como Valaquia se convertía poco a poco en la zona de avanzadilla del ejército turco, el espacio de la política exterior de Vlad Dracul se reducía cada vez más. Cuanto más demostraba el reino húngaro su incapacidad para defenderse de los turcos, más se veía obligado Vlad Dracul a colaborar con ellos. Si se consideran los dos axiomas fundamentales de su política, el mantenimiento de la independencia valaca y su dominio, a Vlad Dracul le habría sido mejor apoyar a la débil Hungría. No podía valorar debidamente el extraordinario éxito militar de los turcos: ¿sabía acaso si el sultán no pretendía incorporar plenamente a Valaquia, como una provincia, al estado turco, con la resultante pérdida de su estructura política autónoma, tal como le había sucedido a Bulgaria y le ocurría ahora a Serbia? Vlad Dracul no se fiaba del sultán, y menos de Murat II.

Para estar seguro de su lealtad, Murat le pidió a dos de sus hijos como rehenes. El príncipe envió a Vlad Draculea y a su tercer hijo, Radu, cinco años más joven. Al mayor, Mircea, lo conservó a su lado.

Por lo tanto, Vlad Dracul tenía buenos motivos para seguir de cerca, y con sumo interés, la guerra de la nobleza húngara. La facción de Vladislav se impuso. Hunyadi, a quien se le debía esta victoria, fue nombrado voivoda de Transilvania y capitán general de Belgrado. Su cometido era ahora reorganizar la defensa contra los turcos, creando los preparativos para una contraofensiva. En septiembre de 1441, rechazó con éxito un ataque turco a Belgrado. Los turcos sufrieron importantes pérdidas.

Vlad Dracul tenía ahora a un vecino muy activo. Así pues, no importaba demasiado que, llegado el caso, mantuviera con él un prudente contacto. En noviembre de 1441, Hunyadi se encontró con Vlad Dracul en Tirgoviste. Al parecer, Hunyadi intentó persuadir al voivoda valaco de la necesidad de una política declaradamente antiturca. Vlad Dracul se mostró escurridizo, manteniéndose a la expectativa. Conocía de sobra el poderío de la fuerza militar turca. Aquí y allá controlaban las confluencias en ambas márgenes del Danubio. A Vlad se le ocurrió de pronto que los jinetes turcos muy bien podían llegar a Tirgoviste en cinco o seis días, y, por lo demás, debía tener en cuenta el cautiverio de sus dos hijos, rehenes de los turcos. En cuanto a Hunyadi, el tiempo lo diría: Vlad Dracul no se comprometió.

En la primavera de 1442, el *beg* de Vidin, Mezid, penetró sorpresivamente en Transilvania con 16.000 hombres. Hunyadi, quien, en tan breve tiempo, no pudo reunir un ejército numeroso, fue derrotado, pero, habiendo incorporado también a campesinos a sus fuerzas, consiguió reunir en cuatro días una nueva tropa con la que venció a los turcos. Su capitán cayó en la batalla. Los húngaros se apoderaron por completo del campamento turco.

Sobre Vlad Dracul recayó la grave sospecha de haber al menos tolerado la empresa del *beg* Mezid. De otro modo, ¿cómo habrían llegado tan rápido a Transilvania? Una vez más, Hunyadi consiguió hacer pausible su orientación política y, cuando la expedición turca llegó en agosto de aquel mismo año, encontramos ya a Vlad Dracul del lado húngaro, aunque corriera la voz de que Hunyadi no sintiera por él la más mínima confianza.

Esta vez Valaquia fue el escenario de la guerra. Murat II estaba definitivamente harto. Había dado instrucciones a su general, Sechabeddin de conquistar de una vez por todas Valaquia y Transilvania. El ejército reunido para tal fin estaba bien pertrechado y se componía de 40.000 guerreros. Sechabeddin había tomado todas las precauciones. Antes de dedicarse a Transilvania y a Hunyadi, convenía asegurarse militarmente a Valaquia como base de las operaciones. Pero cometió un error decisivo: envió el grueso de la caballería y gran parte de la infantería a que devastaran el país, y él permaneció junto con sus tropas restantes en un campamento fortificado. Esto le brindó la oportunidad a Hunyadi de sorprender a los turcos con un pequeño destacamento de diez mil a quince mil hombres que se había escondido en las montañas. Fue una victoria arrolladora. Sechabeddin escapó por muy poco. Los húngaros se apoderaron de 200 banderas y el botín de guerra fue sustancioso. Cinco mil turcos fueron hechos prisioneros. La victoria en esta batalla del 6 de septiembre de 1442 reforzó el prestigio de Hunyadi como comandante extraordinariamente hábil. Asimismo, marcó un nuevo rumbo en la política de Vlad Dracul. A partir de entonces, no tuvo más remedio que jugar la carta húngara. Pronto habría de saberse si le serviría de algo.

El amigo del Poniente (1442-1444)

Vlad Dracul aliado de Hungría - Juan Hunyadi y la política húngara en los Balcanes - La prolongada campaña - En el país de los skipetar: Jorge Castriota, alias Scanderbeg, y la resistencia albanesa - La quiebra de Varna, o «no confíes en ningún veneciano»

Tras los éxitos de Hungría, en Valaquia y ante Belgrado, la frontera del Danubio pudo considerarse momentáneamente asegurada. De todos modos, Hunyadi no se hacía ilusiones. Las victorias ganadas no eran significativas y sólo servían para desarrollar una estrategia puramente defensiva. De ningún modo se había anulado la capacidad de los turcos para sostener una guerra prolongada y desmoralizante en la zona fronteriza húngara, como tampoco la derrota de Sechabeddin había paralizado sus otras actividades bélicas. Además, debe tenerse en cuenta que el tiempo trabajaba en favor de los turcos. En los últimos diez años, su reino se había apropiado de importantes territorios; al lograr consolidar estas anexiones, la cuestión del poder en los Balcanes se había decidido a su favor.

Así lo vio también el cardenal Giuliano Cesarini, nuncio apostólico ante la corte húngara. El Concilio de Florencia, deseado por las dos Iglesias cristianas, había previsto en 1439 una unión eclesiástica.[1] Los bizantinos habían consentido este sometimiento *de facto* al primado de la Iglesia Católica Romana sólo porque esperaban de ella una ayuda política y militar. La promesa debía cumplirse entonces. Cesarini ofreció una cruzada porque estaba seguro de que podría movilizar a toda Europa contra los turcos. El primero de enero de 1443, el papa Eugenio IV dio a conocer la correspondiente convocatoria.

Para comprender la estrategia de Hunyadi al año siguien-

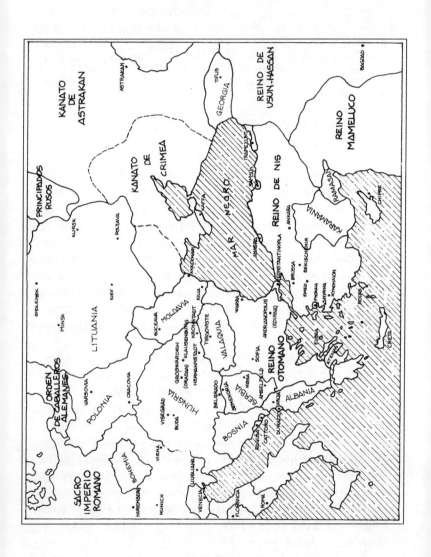

te, hay que colocarse en una perspectiva más amplia, no exclusivamente centrada en el ámbito del Danubio.

A pesar de la armonía y la fuerza combativa del reino turco, éste no había conseguido controlar debidamente hasta entonces dos aspectos. El primero consistía en la conquista de Constantinopla, la capital del reino bizantino, que, alrededor de 1440, no comprendía mucho más que esta ciudad, el Peloponeso y algunas islas del mar Egeo. Estos restos del que fuera antaño el poderoso Bajo Imperio Romano carecían ya de espacio político. La ciudad estaba amenazada por turcos y totalmente rodeada por territorios bajo la jurisdicción del sultán. Sólo la salida al mar permanecía abierta. En épocas de crisis, cuando las relaciones turcobizantinas empeoraron y la ciudad tuvo que soportar un asedio, las tropas y las provisiones eran transportadas por barco. Esto era posible porque los turcos no disponían de una flota. Para mayor satisfacción de las ciudades marítimas de Valencia y Génova, que competían entre sí y desarrollaban en esta área buena parte de su comercio, los turcos no se habían dedicado aún al análisis de este segundo aspecto marítimo.

Los venecianos eran considerados en aquella época como la primera potencia marítima en el este del Mediterráneo. Protegían sus rutas comerciales con puertos fortificados, guarniciones y bases. Controlaban la costa dálmata, las ciudades de Cattoro y Durazzo, las islas Jónicas, Creta, las Cícladas y Eubea. Las posesiones al sur de Grecia completaban su imperio colonial.

Los genoveses, que trataban de compensar su posición más débil por medio de una mayor ductilidad diplomática, estaban más directamente expuestos a una intervención turca. Sus posesiones estaban situadas, o bien en la inmediata vecindad de la costa de Asia Menor —Lesbos, Samos, Quíos—, o bien en la propia Asia Menor —Fokaia, Amasra, Samsun—. A los genoveses no les interesaba el comercio en la región del mar Negro. Poseían colonias en Crimea y en el mar de Azov. Akkerman (Belgorod-Dnjestrowskij), en la desembocadura del Dniéstr, era su base de apoyo para el comercio con el principado rumano. El emperador de Bizancio había cedido a ambas ciudades marítimas sendas zonas propias en Constantinopla.

Además de Génova y Venecia, a las que, en el siglo xv, bien podía considerarse como potencias en virtud de que sus ingresos alcanzaban holgadamente los de Francia o España, existían otras ciudades, más pequeñas, todas ellas demasiado insignificantes como para poder desempeñar el papel de aliadas. Entre la costa del Adriático y Turquía, se hallaban los pequeños principados albanos independientes, comprometidos entre sí en interminables querellas, que, por un lado, hacían la corte a los turcos y, por otro, se volvían contra sí mismos. En Atenas un florentino, Nerio Acciaiuoli II, gobernaba como duque de Attica y Beocia. Desde 1303, la Orden de Caballeros de San Juan se había establecido en Rodas y algunas islas adyacentes, y se dedicaban al saqueo de las tierras firmes de Asia Menor y a la piratería. Totalmente al este, había quedado una última base desde la época de las cruzadas: el reino de Chipre, gobernado por la familia francesa de los Lusignan.

Estos remanentes del poder cristiano bizantino ya no ofrecían peligro alguno de intervención activa, mas no podía despreciarse su valioso carácter de base de apoyo. Al poseer Constantinopla, la cristiandad disponía de una ciudad fortificada en el centro del Imperio turco. Desde Segismundo, los políticos húngaros de los Balcanes creían firmemente que, si se quería expulsar a los turcos de Europa, bastaba con enviar un ejército cristiano a Constantinopla. Si se alcanzaba alguna vez la ciudad, las flotas veneciana y genovesa, gracias a sus rutas marítimas aseguradas, no tendrían dificultad en brindar refuerzos y bloquear los estrechos.

Pero no había tiempo que perder. Cada año desperdiciado reforzaba la presión turca. Se decía que Murat II no tenía, de hecho, interés alguno en conquistar Constantinopla, pero todos sabían que la existencia de una facción muy fuerte en la corte del sultán que no se cansaba de insistir en que la persistencia de una Constantinopla cristiana podía conducir, tarde o temprano, al doble intento de liberar la ciudad y destruir a la vez el Imperio turco en Europa.

Hunyadi consiguió atraerse finalmente la confianza de los príncipes turcos de Anatolia Oriental, cuyos intereses armonizaban de tal modo con los de Hungría que pasaron a ser aliados incondicionales. Estos principados independientes corrían cada vez más el peligro de ser asimilados al dominio del sultán. Si la planeada campaña militar se desarrollara, aunque sólo tuviera éxito a medias, suscitaría, en todos estos principados situados en la frontera oriental de Turquía, la misma inquietud. El principado de Karamania, dominado por el *beg* Ibrahim, era especialmente conocido como un enemigo feroz de los otomanos.[2]

El tiempo apremiaba también por razones de política interna. No podía calificarse tan sencillamente a los turcos de bárbaros, como lo subrayó Enea Silvio Piccolomini, el futuro papa Pío II:

«El pueblo enemigo de nuestra fe [...] carece de toda pureza y santidad. Destruirá o profanará la noble Iglesia [...] Se trata de hombres absolutamente salvajes, enemigos de la decencia y la educación [...] El pueblo se abrió paso por entre la barbarie de los escitas y, de acuerdo con la opinión de un cronista, se estableció tempranamente más allá del mar Negro y de las montañas transcaucásicas. El pueblo no es honrado, es experto en toda suerte de impudicias y prostituciones, adora los burdeles y devora todo lo espantoso; no conoce el vino, ni el cereal, ni la sal [...]».[3]

Se refiere este texto a Bosnia. La parte oriental del reino estaba ocupada por los turcos. En la occidental, el rey Tvortko mantenía buenas relaciones con Hungría, Venecia y la ciudad libre de Ragusa. Prosperaba el comercio de la plata

Juan Hunyadi

y los esclavos. Bosnia misma era fuente de estos productos. Las minas de plata eran monopolio extranjero y en la caza de esclavos, participaban, además de comerciantes de las ciudades costeras, nobles del país, así como «cruzados» húngaros que viajaban ocasionalmente. Se esclavizaban preferentemente a mujeres jóvenes entre los diez y los treinta años, aunque también constituía un floreciente comercio el de los niños. Los esclavos, sin excepción, provenían del campesinado. El «comercio de carne humana» era legal, puesto que la Iglesia Católica toleraba la trata de esclavos considerados herejes. Los campesinos bosnios, cuya mayoría pertenecía a la secta «hereje» de los bogomilos,[4] eran por lo tanto prófugos. El que no era bogomilo podía ser acusado de serlo, y fácilmente se encontraban razones para esclavizarlo. En estas circunstancias, no es de extrañar que se extendiera por el territorio un sentimiento de simpatía hacia los turcos; al menos en el lado turco se garantizaba la libertad de culto, aun cuando no se cumpliera la promesa de suprimir la esclavitud.

Bosnia tenía una importancia decisiva como base de operaciones. Estando en poder de los turcos, podía sorprender a Hungría por el flanco, separarla del Adriático, avanzar contra Venecia e invadir Austria.

Hunyadi adoptó la técnica del aislamiento. Nada se lograba con esperar. Siete años después, le formuló al papa Nicolás V su principio ofensivo en una carta:

«Hasta ahora sólo hemos luchado por la defensa de nuestras fronteras; al presente permanecemos en casa, dejando descansar las armas, y diríase que estamos invitando al enemigo a penetrar en el país».[5]

El ejército cruzado de Vladislav, conducido en verdad por Juan Hunyadi, partió de Buda en julio. Cesarini no había podido mantener su promesa. Ningún estado europeo se dejó entusiasmar por la guerra contra los turcos. Federico III también se había negado. No tenía el menor interés de ver al reino húngaro-polaco bajo un límite del que el optimista Cesarini aseguraba:

«[...] que no sólo protegería al reino y sus fronteras, sino que se extendería hasta el Helesponto y el Egeo».[6]

La batalla de Topolniza

Por lo tanto, sólo acudieron unos pocos cruzados de las Europas occidental y central. Las reservas húngaras y polacas formaron el grueso del ejército, y se añadieron tropas auxiliares de los territorios vasallos de Bosnia y Valaquia. Jorge Brankovic, que deseaba apoderarse nuevamente de Serbia, ofreció un contingente serbio.

Hunyadi modernizó el ejército mediante la contratación de mercenarios checos, que trajeron consigo los carros de combate —600 en total—, probados en las luchas contra los husitas.

Que Vlad Dracul no apareciera en persona, y sólo enviara a Hunyadi un pequeño contingente de tropa de 3.000 a 4.000 hombres, se explica por el rumbo cauteloso que consideraba debía seguirse. Si la cruzada desembocaba en una derrota, los turcos se le echarían encima irremisiblemente. Por otra parte, pensaba una vez más en sus hijos. Hasta entonces, y a pesar de su orientación política, no les habían hecho daño alguno. Vivían sin penalidades en Emed, Ninfaion o Andrianópolis —faltan datos precisos—, donde se entrenaban en la lengua y los usos turcos, familiarizándose con la técnica de las armas.

Tan sólo a mediados de octubre el ejército cristiano de 35.000 hombres cruzó el Danubio. Conscientemente, Hunyadi se decidió por la campaña invernal, del todo inesperada. También procedió de un modo anticonvencional al pasar de largo frente a las fortalezas turcas de Semendria y Vidin. En varias escaramuzas venció a los caudillos turcos locales. A finales de octubre, estaba ya en Nis, donde lo esperaba Kassim, el gobernador del sector europeo del reino otomano, con un ejército. Kassim fue derrotado el 3 de noviembre, 2.000 turcos murieron y 4.000 fueron hechos prisioneros. Enea Silvio escribía esperanzado:

«[...] existe la esperanza de que la victoria en esta región traiga aparejados importantes cambios desfavorables a los turcos, y de que caigan muchos de aquellos que aún les obedecen».[7]

A comienzos de diciembre, el ejército cristiano llegó a Sofía. Hunyadi estaba firmemente decidido a avanzar hacia Andrianópolis, la capital del reino otomano europeo. Sin embargo, los pasos que conducían a la llanura tracia estaban ocupados por los turcos. Las rigurosas condiciones climáticas —tormentas de nieve e intenso frío— obraron como agravante. Los turcos habían hecho intransitables los caminos por la Puerta Trajana mediante el riego con agua. Hunyadi intentó abrirse camino más hacia el norte, por el valle de Topolniza. Aquí, Murat II dirigió personalmente la defensa. Hunyadi no pudo romper las posiciones turcas, como tampoco los turcos consiguieron un éxito en el contraataque. Pero, como se declararon epidemias y empezaron a escasear los víveres, el jefe húngaro ordenó el regreso. Los intentos turcos de cortarle la retirada fracasaron con numerosas pérdidas.

El 2 de febrero de 1444, Hunyadi y Vladislav entraban nuevamente en Buda. Les aguardaban embajadores de toda Europa para expresarles sus felicitaciones. Se esforzaron por convencer a Vladislav de continuar la campaña. Para esta ocasión, se ofrecieron subsidios y tropas. Especialmente el Papa, los venecianos y los genoveses prometieron equipar una flota, cuya misión en caso de guerra sería la de desarticular la unión entre el sector europeo y el asiático del reino otomano.

Mientras el ejército húngaro marchaba desde su victoria en Nis hacia Sofía, un musulmán, llamado *beg* Iskender, huyó de Andrianópolis. Este hombre, que en otros tiempos había recibido el nombre de Jorge Castriota y había sido bautizado como cristiano, pasó a ser durante veinticinco años un problema para los turcos y un aliado de Vlad Draculea. ¿Acaso podemos afirmar que se habían conocido? Castriota tenía cuarenta años, Vlad Draculea doce. Algo puede inducirnos a creer que sí se conocían, y es el hecho de que el joven había tomado al mayor como modelo. Castriota también había llegado a la corte del sultán como rehén. Su padre, un pequeño príncipe albano, tuvo que consentirlo para salvar su propio dominio. Castriota hizo carrera al servicio de los turcos. Se convirtió al islamismo, recibió un feudo, un mando militar y el nombre de *beg* Iskender (Scanderbeg en el lenguaje corriente, es decir, príncipe Alejandro). Pero, como tras la muerte de su padre en 1442 no se le concedió el principado, sino que éste fue parcelado en feudos, se enfrió considerablemente su relación con Murat, quien, por lo demás, le tenía en gran estima.

Castriota no huyó solo, sino que lo hizo acompañado

de 3.000 albaneses. Hacia finales de noviembre, llegó a las puertas de Kruja, base turca en Albania, entregó un documento firmado por un falso capitán y fue admitido. Redujo con facilidad la guarnición, Castriota se desprendió de su nombre turco, se reconoció cristiano e hizo un llamamiento contra el dominio turco. En un año organizó la lucha defensiva. Los pequeños príncipes aceptaron su soberanía, y consiguió reunir un ejército de diez mil a veinte mil hombres.

«Cuando el sultán Murat se enteró, envió a un mensajero para que convenciera a Castriota para que regresara, prometiendo dispensarle honores aún más altos. Pero él envió la respuesta: "Mientras yo sea Jorge y tú Murat, no volveré a ti. Pero cuando tú seas un Jorge como yo [es decir, te conviertas al cristianismo *(observación del autor)*], entonces volveré y tú estarás a mi servicio". Cuando el sultán Murat escuchó esto, estalló en improperios contra él...»[8]

Estas tropas no bastaban para una batalla campal abierta, pero eran perfectamente aptas para una acción de guerrillas en los desfiladeros y las montañas albanas.

«El frecuente paisaje de escarpadas paredes de piedra, desfiladeros y grietas no debe asombrar. Las montañas de la península balcánica —especialmente aquéllas situadas hacia el oeste, entre las que destacan las de Schar Dagh— están formadas principalmente por macizos de rocas cortadas a pico. No es raro hallar paredes verticales de varios cientos de pies de altura, y hasta de más de mil. Entre estos muros, que se alzan muy próximos unos de otros, el extranjero se ve invadido por un sentimiento de extremo desamparo. Es como si las pesadas rocas fuesen a caer sobre él. Se impone la idea de regresar para escapar a la catástrofe, e involuntariamente uno imprime mayor velocidad a los caballos para evitar la agobiante conciencia de la impotencia humana y dejar atrás el peligro.

Juan Hunyadi recibe a la misión turca

»Ante semejante estructura defensiva de la zona montañosa, es comprensible que sus habitantes conserven cierta independencia con respecto a los conquistadores extranjeros. Naturalmente, estos desfiladeros y territorios lúgubres, amenazadores y fríos, han ejercido una gran influencia sobre el carácter y la constitución psíquica de la población. El skipetar [nombre local de los albaneses *(observación del autor)*] es, para el extranjero, tan serio, huraño y hostil como su propio país. Su contextura musculosa, fuertemente elástica, su rostro grave, de rasgos graníticos e implacables, sus ojos de mirada fría, amenazadora y despreciativa, combinan perfectamente con la naturaleza de la montaña en la que viven. Su interior muestra escasos puntos diáfanos y amistosos; está atravesado por profundas hendeduras y grietas, en las que borbotea el agua del odio, de la venganza y la cólera irreconciliable. Esta gente es recelosa y desconfiada, incluso entre sí. Las estirpes se excluyen mutuamente, lo mismo que las familias y las personas aisladas. No obstante se unen todas contra el intruso, al igual que las rocas que les rodean, que tan sólo en escasos lugares ofrecen al viajero un estrecho y agotador acceso.»[9]

La cohesión contra el enemigo exterior se puso a prueba en junio de 1444. Castriota derrotó a un ejército turco de ocupación y extendió su dominio allende Albania. Al mismo tiempo entabló contacto con Vladislav, ofreciéndole su colaboración para una eventual guerra contra los turcos.

El rey y su general Hunyadi intercambiaron opiniones sobre este asunto con las potencias occidentales y la nobleza húngaro-polaca. La prolongada campaña había demostrado que era posible vencer a los turcos. Por otra parte, no se habían alcanzado los objetivos bélicos, y el ejército cristiano se había visto seriamente afectado. Tanto la nobleza polaca como la húngara rechazaron decididamente continuar la guerra. Aun así, los nobles húngaros no estaban obligados a tomar las armas por una guerra que no se habría llevado a cabo en el territorio del reino. El rey era muy libre de combatir a los turcos, pero era un privilegio de la nobleza el negarse a acompañarlo. El verdadero motivo radicaba, por supuesto, en que a los nobles no les interesaba en lo más mínimo incrementar el poder de los «advenedizos» y de la autoridad real. El objetivo por el cual la nobleza había celebrado la unión húngaro-polaca se había alcanzado: los turcos se habían debilitado y se había alejado la amenaza inmediata. Eso era más que suficiente. Si al rey se le antojaba seguir la guerra en estas circunstancias, era asunto suyo.

En el verano de 1444, imperaba la siguiente situación: además de los territorios vasallos de Bosnia, Serbia, Valaquia y Moldavia, con sus pactos de apoyo, sólo el Papa, los venecianos y el duque de Borgoña habían iniciado una moderada política de rearme con vistas a la creación de la flota de bloqueo que se consideraba indispensable. Los albanos de Castriota acudieron como nuevos aliados. Hunyadi se mostró dispuesto a solventar la contratación de mercenarios y reclutó más tropas en su voivodato de Transilvania. Pero, poco después, manifestó su oposición a continuar la guerra. Según su opinión, esas fuerzas no bastarían para derrotar a los turcos.

Entretanto, el sultán proponía un trascendental acuerdo de paz. Ofrecía desocupar Bosnia y Serbia, reconocer la soberanía de Hungría en Valaquia y prometía pagar una multa de guerra de 100.000 gulden. El acuerdo, que tendría una validez de diez años, era sumamente favorable. La larga campaña militar no había podido expulsar a los turcos de las tierras vasallas. Las fortalezas serbias estaban, como antes, en poder de Turquía, al igual que las confluencias fortificadas sobre el Danubio, situadas en la región valaca.

Murat II tenía fundadas razones para hacer semejante propuesta. La campaña cristiana podía no haber arrojado resultados muy concretos, pero de ningún modo había que despreciarla como factor psicológico positivo para todos los enemigos del reino otomano. Al este, el *beg* Ibrahim de Karamania había invadido las provincias anatolias del sultán; al oeste, era preciso precaverse contra los albanos. Incluso los bizantinos, aprovechando la nueva situación, procuraban aumentar sus posesiones en Grecia a costa de los aliados turcos y construyeron con sumo esmero la famosa muralla sobre el istmo de Corinto, el Hexamilion. Murat necesitaba calma, al menos en el frente húngaro, para poder acabar con estas amenazas.

A finales de junio llegaron los embajadores turcos a la corte de Vladislav. La Dieta y Hunyadi recomendaron la firma del tratado de paz. El 1 de agosto, Vladislav firmó el pacto. Tal como estaba acordado, los turcos comenzaron la desocupación de Serbia, mientras el sultán cruzaba los estrechos para derrotar, en primer lugar, al *beg* Ibrahim.

El 4 de agosto, después de que Cesarini le convenciera, señalándole con urgencia que, en tanto que guerrero de Cristo, estaba obligado a una misión común a toda la cristiandad, Vladislav se decidió a violar el tratado de paz, anunciando que marcharía contra los turcos aquel mismo año.

«Cuando el déspota Durde [es decir, Jorge Brankovic *(observación del autor)*] se enteró de la noticia, se afligió mucho y envió a su amigo Dimitri Kraikovic, un respetable señor, a ver al rey con estas palabras: "Señor, he confiado en las palabras que me dirigiste hace poco tiempo, a saber, que no emprenderías nada contra los turcos sin mi consejo. No sé qué consejo sigues ahora, que ya no tomas en cuenta aquello y te dispones tan súbitamente y sin necesidad contra los turcos. Debes saber que de ningún modo me hallo en condiciones de hacer lo propio, puesto que bien enterado estás de que he recibido un país devastado. Debo reconstruir algunas ciudades y procurarles aprovisionamiento. Por eso te ruego que pospongas esta guerra hasta la finalización del tratado de paz [...]".»[10]

El déspota de Serbia no fue el único en intentar disuadirlo. Hasta el último momento, Hunyadi trató de inducir al rey a que cumpliera con el acuerdo. Pero Cesarini —a quien se le reconocía una brillante virtud oratoria—, y los intereses del Papa, lograron imponerse. El cardenal se remitió a la momentánea debilidad turca y a la fortaleza de la flota papal-veneciana. Si ésta conseguía bloquear los estrechos, el ejército turco que luchaba en Anatolia contra Ibrahim no podría acudir a Europa para levantar el asedio. Para quitarle el cargo de conciencia a este rey de diecinueve años, tan sólo a medias convencido, deshizo el solemne juramento que Vladislav había pronunciado frente al sultán sobre la Biblia, mediante la fórmula usual según la cual los contratos con impíos eran nulos y carecían de valor.

La retórica de Cesarini convenció al rey, pero no surtió efecto en la nobleza. El ejército que, a comienzos de septiembre, se reunió en Orsova contaba apenas con 10.000 hombres. Jorge Brankovic se negó a tomar parte en la guerra. No tenía el menor interés en poner en juego a Serbia, reconquistada con tanto esfuerzo, y fue a tal punto neutral que le prohibió el paso a Castriota, cuando éste quiso apoyar a Vladislav con 3.000 jinetes.

El ejército del rey marchó aguas abajo por el Danubio. A las puertas de Nicópolis debía reunirse con las tropas enviadas por Hunyadi desde Transilvania y con la dotación de Vlad Dracul. Llegó allí a mediados de octubre. Vladislav no había podido evitar que, sobre la marcha, se produjeran más desmanes de los habituales. El entusiasmo de la población hacia el ejército cristiano quedó mermado debido a que Cesarini autorizaba sistemáticamente el saqueo y la destrucción de las iglesias ortodoxas «cismáticas». El hecho de que en estas regiones se sospechara incluso de otros herejes justificó ese mismo año el nombramiento de un *Inquisitor haereticae,* quien no sólo estaba destinado a Bosnia, donde el mal reinaba a la luz del día, sino también a Moldavia y a Valaquia.

Hunyadi apareció ante Nicópolis con 5.000 hombres. Su marcha a través de Valaquia había despertado protestas en todo momento, protestas que el carácter de Vlad Dracul no contribuyó a acallar.

El voivoda reunió a 5.000 hombres armados y se instaló personalmente en el campamento militar. Había tomado parte en el Consejo de Guerra, donde se había decidido que, contrariamente al año anterior, el ejército debía avanzar a lo largo de la costa del mar Negro, en coordinación con la flota cristiana, para abastecerse de ella o dejarse transportar. La estrategia de Cesarini se impuso finalmente.

Vlad Dracul en ningún momento quiso aceptarla. En el Consejo de Guerra, se opuso firmemente a continuar la campaña. Al príncipe de Valaquia no se le podía negar competencia. Explicó claramente y sin rodeos que un ejército de 20.000 hombres era insuficiente, «ya que el emperador turco lleva consigo a más personas cuando sale de caza».[11] Esta observación algo cínica provocó las iras de Hunyadi, quien acusó a Vlad Dracul de colaborar con los turcos. Como respuesta a esta afrenta personal, Vlad Dracul empuñó su daga. A duras penas consiguieron separar a los adversarios, y Vlad Dracul fue condenado al pago de una multa. Este episodio no quedó sin consecuencias. Vlad Dracul renunció a participar personalmente en la campaña; en su lugar, su hijo Mircea asumió el mando del ejército valaco. Este se puso en marcha y alcanzó en Varna la costa del mar Negro.

La flota cristiana, considerada imprescindible desde el punto de vista estratégico, atracaba entretanto frente a los Dardanelos sin poder decidirse a una intervención activa. Por una parte, no era tan numerosa como hubiera debido serlo para controlar todas las vías marítimas: contaba sólo con 19 barcos. Por otra, desde mediados de septiembre, los venecianos se habían propuesto secretamente poner las cosas en claro ante el sultán. Por ese motivo, el espíritu de lucha de los comandantes venecianos no era muy brillante. Murat, que avanzaba a pasos forzados desde Anatolia y estaba muy bien informado, se dirigió hacia el Bósforo, donde le aguardaban barcos genoveses que transportarían sus tropas a Europa a cambio de una suculenta paga —Enea Silvio habla de un ducado por hombre—. Los genoveses no tenían opción. No deseaban poner en juego los ingresos significativos que provenían de las minas de alumbre[12] arrendadas en jurisdicciones turcas.

Murat atravesó sin dificultad el estrecho y se reunió con sus tropas europeas. Aprovechando la inesperada celeridad de su aparición, rodeó al ejército cristiano que marchaba hacia el sur y se le presentó de súbito en la retaguardia. Con ello evitó una retirada hacia el norte y forzó la batalla. Su ejército era tres o cuatro veces mayor que el cristiano.

El sultán consideró la batalla como un juicio de Dios. Cuando, el 9 de noviembre de 1444, los ejércitos estuvieron listos para la batalla, entre las huestes turcas podía divisarse una lanza atravesando el acuerdo de paz violado.

El inteligente Hunyadi hubiera podido decidir la bata-

Arriba: el ejército turco en marcha hacia Varna
Abajo: galera veneciana

lla de Varna —tal es el nombre con el que pasó a la historia— a favor de los cristianos. Sin embargo, un error táctico de Vladislav, quien, deseoso de conquistar para sí la gloria eterna, ordenó un ataque clásico de caballería, lo estropeó todo. El rey cayó en la lucha; fue degollado y su cabeza atravesada por una lanza y alzada triunfalmente. El pánico cundió en el ejército cristiano, y los intentos de Hunyadi por continuar la batalla no prosperaron.

Las pérdidas fueron elevadas por ambas partes. Las de los turcos doblaron las de los cristianos. Muchos jefes, entre ellos Cesarini, encontraron la muerte. El ejército cristiano regresó al Danubio absolutamente disuelto.

Los cronistas húngaros y polacos, que por otra parte se hallaban enemistados, coincidieron sin embargo en la necesidad de hallar un culpable para esta derrota que hubiera podido impedirse, causada por la ruptura de un acuerdo, un cálculo erróneo y la falsa ambición. Consideraron que los rumanos, encabezados por Mircea, eran los verdaderos culpables. Según la acusación, cuando la batalla aún no estaba decidida, habían abandonado sus puestos para dedicarse a saquear el campamento turco.

Eso no era cierto. El campamento turco no pudo ser saqueado por la sencilla razón de que no lo habían conquistado. El príncipe Mircea tan sólo había decidido renunciar a una muerte heroica, poniéndose a salvo en Valaquia junto con sus tropas, relativamente intactas. Que a sus diecisiete años pudiera conseguirlo, no es sino elogioso para él.

Digresión: mito y sociedad en el siglo xv

El reino otomano: su organización, su fuerza de combate, su eficiente política interior - Hungría - La guerrilla en la frontera

La capacidad del reino otomano y su fuerza militar, destinadas a prevenir con eficacia las amenazas en épocas de crisis, se asentaban en una estructura organizativa decididamente superior a la del feudalismo occidental.

El reino se subdividía en los dos sectores rumelios. Las posesiones europeas y las anatolias, al frente de cada una de las cuales había un gobernador *(beglerbeg)*, subordinados a éstos, los señores *(sandschkbegs)*, cuyo número ascendía a 20 en Anatolia y 28 en Rumelia. Funcionaban como gobernadores de provincia, eran los conductores de las tropas de su distrito *(sandschak)*, desarrollaban tareas policiales y velaban por el estricto cumplimiento del pago de impuestos. Los *sandschaks* se dividían en un determinado número de grandes y pequeños feudos *(siamet* y *timar)*. De acuerdo con la envergadura de su feudo, cada señor feudal *(sipahi)* debía aportar, en caso de guerra, cierto número de jinetes acorazados. En Anatolia, había 5.500 feudos de este tipo, que proporcionaban un total de 37.500 soldados de caballería; en Rumelia eran 4.500 los feudos y 22.500 los jinetes (por regla general, los feudos en Rumelia eran más pequeños).

Los *sipahis* estaban obligados a acudir a un llamamiento de guerra. De no hacerlo cuando el sultán los reclamaba, perdían su feudo. Otro motivo de represalia podía ser el descuidado desempeño de las tareas de Estado, especialmente la recaudación territorial. A los *sipahis* no les estaba permitida la venta o donación del feudo, menos aún podían sus sucesores insistir en el derecho hereditario. Los feudos se otorgaban en función del mérito, y la noble cuna no constituía de por sí motivo legal alguno para heredar una posesión. Incluso los hijos de los poseedores de grandes feudos recibían al comienzo un feudo pequeño con el fin de poner a prueba su aptitud. Si los campesinos luchaban valientemente, podían acceder a esta nobleza caballeresca.

La motivación de los *sipahis* para desempeñar concienzudamente sus atribuciones militares se reforzaba mediante la dotación, relativamente modesta, de bienes feudales. El propietario regular disponía de una renta doble o triple que provenía de una finca próspera y, con ello, costeaba los gastos de cuadras, armas y armaduras. Así pues, la guerra le ofrecía la oportunidad de una ganancia material derivada del botín y a la vez una eventual mejora en su posición social, es decir, de un aumento de su feudo.

La influencia de la verdadera aristocracia feudal turca, que poseía los grandes feudos *(mülk)*, disminuyó paulatinamente a partir de la toma del poder por Mehmed II (1451). Este fue un proceso deseado y forzado por el sultán. En su lugar, favoreció a los renegados cristianos, que, en la corte y el ejército, constituían un contrapeso para las pretensiones de la alta nobleza. El origen de este intento de afianzar definitivamente el poder central del sultán se remontaba a la época de Bayazid I (1389-1402) y de Murat II (1421-1451), y Mehmed no hizo sino llevarlo a la práctica.

En 1438, Murat II introdujo el sistema del reclutamiento de jóvenes *(dewschirme)*. Cada cinco años, los muchachos cristianos entre diez y quince años se presentaban ante los funcionarios que realizaban la selección en la zona europea. Se escogían a los más aptos para el servicio, entre 2.000 y 12.000, de acuerdo con las necesidades, y pasaban a la corte del sultán. La condición social y el origen no desempeñaban papel alguno. Su objetivo puede describirse, sin temor a equivocaciones, como el de un programa e integración total. Todo vínculo con sus respectivas familias que-

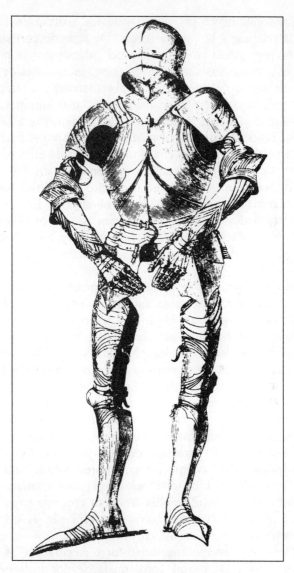

Armadura de la baja Edad Media

daba absolutamente prohibido y se les instruía en la lengua, la religión y la cultura turcas. De acuerdo con sus aptitudes, ingresaban en el servicio del palacio, donde podían acceder a todos los cargos de la corte, incluido el de gran visir, delegado del sultán,[1] o se alistaban en los jenízaros, tropa que, bajo Murat II, reunía apenas 3.000 hombres, pero que, con su hijo Mehmed, aumentó rápidamente a 10.000.

Jeni tscheri significa «nueva tropa». Era nuevo el hecho de que el sultán tuviera en ella a una unidad de élite para su inmediata disposición, que podía responder en todo momento contra cualquier adversario tanto en política interior como exterior y que sólo a él debía obediencia. Era en principio la guardia de cuerpo del sultán, con su propio coronel *(agha)*, palacio y cancillería; estaba muy bien pagada y se la consideraba incluso algo más: la base de un ejército permanente.

Lo que los reinos cristianos se empeñaban desesperadamente por crear, o sea una autoridad central, cuyo apoyo militar no se organizara según los principios feudales y de vasallaje, ya se había desarrollado entre los otomanos. Los jenízaros eran altamente disciplinados, se sentían guerreros de Alá, no les estaba permitido el matrimonio, no podían pasar sin permiso una sola noche fuera del cuartel y no tenían contacto humano sino con sus compañeros. Con ellos, el sultán disponía del organismo idóneo para imponer su pretensión de poder absoluto contra la aristocracia. Los sultanes turcos no sólo supieron convertir poco a poco la tropa de jenízaros en un cuerpo militar imprescindible, sino que también estaban en condiciones de pagarles regularmente. Ningún estado cristiano podía competir con este pago efectuado por el estado turco, ni siquiera Hungría, el enemigo más importante de Turquía en los Balcanes.

El eficiente sistema impositivo turco aseguraba a las arcas estatales una recaudación aproximada de dos millones de ducados anuales. Las fuentes principales de ingresos eran la capitación, que debían pagar todos los no musulmanes, el arrendamiento de bienes reales, la minería, las aduanas y el monopolio estatal, el diezmo para las bestias de carga, cereales y arroz, así como el tributo de los territorios vasallos. Se empleaban alrededor de 800.000 ducados para los gastos de la corte del sultán, y se disponía de un 60 por ciento del presupuesto estatal para fines bélicos.

El estricto mantenimiento de la paz en todas las provincias permitía el cobro regular de los ingresos. Los turcos garantizaban a los campesinos y comerciantes condiciones seguras de producción y un comercio sin riesgos. Se suprimieron los obstáculos para el libre comercio y se redujeron los impuestos aduaneros. Así se formó un organismo económico homogéneo, cuya productividad, a diferencia de la de Occidente, no sufría inseguridades ni pillajes.[2]

Esta política interior comparativamente liberal, cuyo carácter principal era una elevada capacidad de integración, favoreció la consolidación del Estado.

A diferencia del reino cristiano español, que en el mismo período impulsaba la reconquista de España y practicaba en consecuencia una rigurosa política de exterminio contra moros, judíos y herejes que se negaran a convertirse, el estado turco se mostraba tolerante en el ámbito religioso. Nadie se veía obligado a convertirse al islamismo. Las Iglesias Ortodoxas griega y armenia conservaban el derecho de autogestión y elegían libremente a sus patriarcas. Los otomanos eran especialmente tolerantes con los judíos. En el reino turco gozaban de la libre disposición de sus propiedades, podían establecerse donde querían y no se veían obligados a llevar ninguna prenda especial, como el sombrero que a menudo estaba prescrito en el Occidente cristiano.

No debe asombrar, pues, que estas condiciones favorables ocasionaran la huida de numerosos judíos de los guetos y pogromos europeos, y su emigración al reino otomano. Afluían judíos especialmente de Alemania, Italia y España, lo cual producía, sobre todo, un efecto positivo en la vida comercial.

69

Como lo muestra el ejemplo de los bogomilos, es evidente que semejante política religiosa tenía sus ventajas. En un punto esencial, sin embargo, los cristianos, judíos y otras comunidades religiosas no eran equiparados a los musulmanes. Como signo de su sometimiento, estaban obligados a pagar un impuesto por cabeza, conforme a la *sura* 9 del Corán, cuyo versículo 29 reza:

«Combata el poseedor del Escrito a todos aquellos que no creen en Alá y el Joven Día, y no prohíben lo que Alá y su Enviado han prohibido, y no aceptan la verdadera religión, hasta que paguen humildemente el tributo y se sometan».[3]

La capitación garantizaba al sultán un ingreso anual de 800.000 ducados. Por ese motivo, no estaba demasiado interesado en obligar a muchos no musulmanes a que se convirtieran al islamismo. No obstante, si alguien que no fuera turco deseaba acceder a la jerarquía de la corte o el ejército, debía asimilarse a la cultura turca y volverse musulmán. Pero, al menos en el siglo xv, eso tampoco constituía un dogma. Entre la nobleza caballeresca, los *sipahis,* existían también propietarios cristianos. Los turcos aprovechaban hábilmente los conflictos entre la alta y la pequeña nobleza de los estados cristianos en los Balcanes.

Mientras se parcelaban las posesiones de la alta nobleza, concediéndolas como feudos a los *sipahis* turcos, permitían a la pequeña nobleza sobrevivir entregándole nuevas propiedades con las que no tenía vínculos sociales o históricos y cuyo valor estratégico para la defensa del territorio era escaso.

Veamos: lo que hizo que el reino otomano fuese superior a las potencias cristianas fueron la creación temprana de una fuerte autoridad centralizada; ligada a ésta, una drástica reducción del poder de la antigua aristocracia turca; y, finalmente, el exitoso desarrollo de una sólida infraestructura (sistema impositivo, administración, ejército permanente). Todo esto, además de los factores antes mencionados, explica la excelente fuerza militar de los turcos.

Los estados balcánicos cristianos y, en definitiva, Hungría, también se desmoronaban sobre todo por tres motivos: en primer lugar, los turcos podían reclutar un promedio de soldados dos veces mayor que el del ejército cristiano; en segundo lugar, eran capaces de hacerlo todos los años y, por último, habían desarrollado un arma especial: la infantería de jenízaros y la artillería, unidas a una fabricación de armaduras de alta calidad.

Los jenízaros fueron concebidos como una tropa antifeudal. Por ese motivo, se desarrollaron a partir de la caballería acorazada noble, y la superaron. Eran arqueros de a pie, y al mismo tiempo, admirablemente diestros con el arma tradicional de los turcos: el sable. Su modo de lucha era defensivo. Como centro diferenciado del ejército, formaban un frente cerrado, reforzando su impenetrabilidad a fin de afianzar el frente. Según la índole de su posición, cavaban trincheras o elevaban barricadas. Si se producía un ataque de caballería, cubrían a los atacantes con una lluvia de flechas (un campeón de tiro turco arrojaba entre 20 y 25 flechas por minuto) y rechazaban al resto desde sus barricadas. Los jenízaros formaban también la columna vertebral del ejército turco, a cuya derecha e izquierda se situaba lo que se consideraba como la principal fuerza: la caballería ligera *sipahi*, destinada a la ofensiva; por ejemplo, a dirigir el contraataque final contra el avance desordenado de los jinetes enemigos.

Todo el ejército turco se destacaba por su conducción armónica y disciplinada y, más aún, por su capacidad para formar un cuerpo táctico. No sólo los jenízaros, sino también los *sipahis* estaban en condiciones de realizar complicados movimientos en el campo de batalla y de reagruparse sin perder cohesión.

Por el contrario, el ejército de caballeros cristianos era

absolutamente incapaz de idear una táctica eficiente contra la falange jenízara. El ejército cruzado, compuesto por los más diversos contingentes nacionales, tampoco podía improvisar tácticamente sobre el terreno. La hidalguía se apoyaba tan sólo en algunos guerreros calificados. Se intentaba la victoria por medio de cerrados ataques de lanceros que procuraban romper el frente enemigo, con lo cual la orden de combate se diluía en luchas individuales. Además, romper el frente de los jenízaros era casi imposible. La larga serie de derrotas cristianas constituye la deprimente historia de inútiles intentos por abordar unidades de infantería disciplinadas con anticuadas técnicas de combate.

Así pues, los caballeros eran muy a menudo víctimas de su propio concepto del honor. En Nicópolis (1396), los experimentados comandantes húngaros rogaron a los cruzados franceses que reservaran la fuerza ofensiva de sus caballeros para la batalla final. Pero los franceses, fieles a su código de honor caballeresco, explicaron que no habían viajado miles de kilómetros y sacrificado innumerables riquezas sólo para formar parte de la retaguardia. Suponían que los húngaros querían arrebatarles el honor de la primera batalla. Los caballeros atacaron, pero no pudieron doblegar a los jenízaros. El que no caía bajo la andanada de flechas era alcanzado en las barricadas. La derrota fue absoluta.

Por el contrario, Hunyadi había comprendido que la tropa de a pie, si se la adiestraba y armaba convenientemente, poseía una importante fuerza bélica. El ejército de caballeros no sólo había fracasado en la lucha contra los turcos. Hunyadi había estudiado *in situ* cómo los husitas habían derrotado a aquellos nobles.

Al igual que los turcos, los husitas debieron solucionar el problema de la fuerza ofensiva de sus caballeros. El resultado fue una mayor intensificación de la defensa: el carro de combate en combinación con la escuadra. El primero servía de centro logístico y de ala de tiro cuando iba equipado de ballesteros y artillería ligera; y la escuadra —infan-

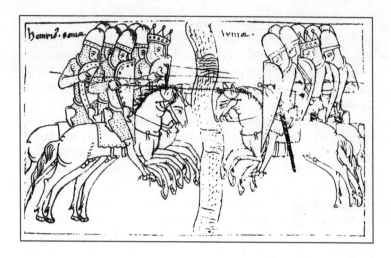

Lucha entre caballeros del siglo XIII

tes, formados en cuadrado y cuyos miembros exteriores iban armados con picas— servía de ala de choque. Si los caballeros atacaban al carro de combate, con lo cual naturalmente se desordenaba la formación, la escuadra se abatía por los flancos. Este movimiento, en forma de pinzas, del ejército turco resultaba aún más demoledor. Ambas alas de *sipahis* penetraban entre los caballeros que habían sido previamente contenidos por los jenízaros. Por otra parte, la operación era aún más veloz porque los *sipahis* iban a caballo.

Si Hunyadi hubiera querido derrotar a los turcos, habría necesitado una formación de soldados con un carácter altamente defensivo, que sirviera a la caballería de los nobles como línea de contención, del mismo modo que lo hacían los jenízaros con los *sipahis*. No podía contar tan sólo con infantes reclutados a la ligera, sino con guerreros profesionales, disciplinados y hábiles. Con el sistema feudal húngaro, que imponía estrechas limitaciones al poder real, la formación de semejante tropa era impensable. De esta experiencia nefasta surgió una solución: el reclutamiento de los que hubiesen opuesto resistencia al ejército de caballeros. Ese fue el motivo por el que Hunyadi integró, a partir de 1443, los carros de combate checos al ejército de los nobles.

Que, pese a todo, se perdiera la batalla de Varna no contradice esta idea. Los turcos lo tenían todo: un poder de mando unificado, una tropa de élite de gran fuerza combativa y elevada moral, un número de soldados más que suficiente.

El general del reino húngaro-polaco se encontraba, por el contrario, en una situación más precaria. Debía compartir el mando; en lugar de guerreros que luchaban por la fe, disponía de mercenarios, y el número de soldados era insuficiente. Pero el código de honor que, ya en 1396, le impidió emplear a los caballeros como fuerza de reserva,[4] fue realmente fatal para él y su ejército.

Una lección se desprende de este fracaso, y es sencillamente la de que el estancado sistema feudal húngaro no supo desarrollar la misma dinámica del sistema turco.

Esto se hacía evidente en las mejoras de la artillería, en la que Mehmed pudo invertir gracias a las elevadas sumas procedentes del pago impositivo. Adquirió además los conocimientos técnicos de Occidente.

Las armas tradicionales turcas, el sable y el arco, tampoco podían compararse con las occidentales. Especialmente el arco —cuya construcción, a base de madera, cuerno, tendón y colapez, requería un año entero, pero que, así fabricado, tenía utilidad durante cien años— era de altísima calidad. El arco flexible turco era superior al sencillo arco europeo tanto en alcance (800 metros, tiros certeros a 300 y 350 metros) como en estabilidad. Los arqueros turcos estaban entrenados para utilizarlo en cualquier situación bélica. Lanzaban sus flechas al galope, incluso en retirada, por encima del hombro, sin por ello reducir dema-

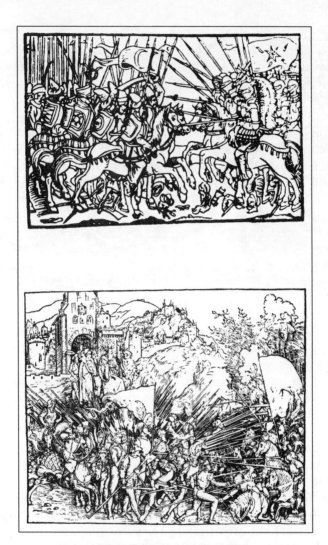

Arriba: la batalla de Nicópolis
Abajo: el antiguo y el nuevo estilo de lucha

Carro de combate; a la derecha, escuadra armada con lanzas

siado su puntería. Además, disparaban en forma de salvas.[5]

La armadura turca era extraordinariamente funcional. Más liviana que la europea, favorecía la movilidad de la caballería *sipahi*, se doblaba cómodamente y podía ponerse y quitarse sin ayuda. Como puede imaginarse, se adecuaba a cualquier portador. Eso permitía normalizar la producción y reducir el tiempo de fabricación.

En vista de esta concentración de poder técnico y organizativo, las perspectivas futuras del reino húngaro no parecían muy optimistas.

La nobleza húngara poseía el monopolio de las armas. Al no contar sino con sus propias reservas, sólo podía formar un ejército de mercenarios, y eso tan sólo si la Corona disponía de dinero. La idea de reforzar las unidades nobles con otras de clase inferior, especialmente con el

campesinado, topaba con la decidida resistencia de la nobleza. Los campesinos libres hubieran debido conformar la base del ejército, pero la nobleza los había liquidado por completo (como ocurrió en Bobilna). ¿Estaría acaso una servidumbre potencialmente rebelde dispuesta a luchar? La imposibilidad de hallar una salida conveniente a esta guerra en dos frentes —social hacia el interior y defensiva hacia el exterior— debilitó sensiblemente la fuerza combativa del reino húngaro.

No porque en el reino otomano los campesinos en vías de desarrollo estuvieran también sometidos a un insidioso proceso de feudalización, por el cual la nobleza podía imponerles la sujeción de la gleba, estaban menos interesados en ese sistema de ganancias indiscriminadas que es la guerra y constituían en el ejército dos importantes formaciones.

1.   Los *asabens,* infantería irregular que podía emplearse como zapadores o remeros. Al igual que los *akindschis,* se reclutaban entre las capas menos acomodadas de la sociedad.

Cañones

2. Los *akindschis*, caballería irregular, empleada para invasiones o expediciones de saqueo. Era el último vestigio de la antigua caballería de las estepas. Organizada en cinco grados y con mando propio, combatía por dos motivos: la guerra santa y el botín, y llevó a cabo una permanente «guerra de guerrillas» contra los estados cristianos vecinos. No se les pagaba y, por lo tanto, les correspondía todo el botín de guerra, salvo una quinta parte, que se separaba para el sultán. Su fuerza combativa consistía en su celeridad y la penetración con la que invadían los territorios cristianos limítrofes. De acuerdo a la situación, operaban en unidades de quinientos a veinte mil hombres.

El reino húngaro no poseía arma comparable alguna. Antes de que las pesadas dotaciones de nobles alcanzaran el campo de batalla, los *akindschis* estaban ya de vuelta a sus

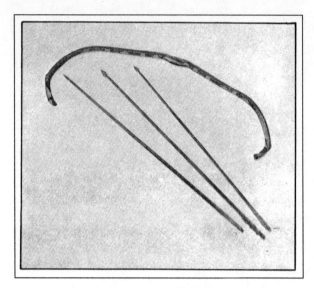

Arco turco y flechas

bases con el botín. Los turcos, a su vez, se ocuparon de tal modo de la seguridad de los caminos, del comercio y de la producción campesina en los territorios ocupados que sostuvieron en consecuencia una esforzada guerra permanente, la cual, a fuerza de desgaste, acabó por someter al poder bélico de los estados cristianos.

Los últimos días de Vlad Dracul (1444-1447)

Desmoronamiento de la política cristiana de defensa - Hunyadi es hecho prisione-ro por Vlad Dracul - Expedición represiva - Y muerte

Tras haber perdido la batalla de Varna, Hunyadi huyó a Valaquia con una pequeña comitiva. Vlad Dracul lo hizo apresar de inmediato, lo cual, desde un punto de vista histórico parcial, se interpreta sencillamente como una traición. Los intereses de Hungría no coincidían con los suyos. El príncipe demostró el arte del gesto político. Con la captura de Hunyadi señalaba tan sólo que había comprendido el significado de Varna: los turcos, no cabía la menor duda, permanecerían en Europa, mientras que el desarrollo de la política interior del reino húngaro seguía siendo dudoso. Con la muerte de Vladislav, se disolvió la unión húngaro-polaca; quedaba abierta la opción de quién sería rey de Hungría en el futuro. Con su actitud, el voivoda manifestaba su disposición a convertirse por el momento en un aliado fiel de ese poder cada día más fuerte, a fin de que se le dejara en paz a él y a su principado.

El sultán se mostró indiferente. Después de su victoria, dio media vuelta hacia el sur y sometió, en una campaña relámpago, la región bizantina del Peloponeso. A su vez, apareció en Valaquia una misión húngara, que, con duras palabras y amenazas, exigió la liberación de Hunyadi. De este modo, Vlad Dracul tenía lo que deseaba: una inequívoca declaración de voluntad imperialista. Acompañó personalmente al general húngaro hasta la región transilvana y, al despedirse, le entregó exquisitos regalos como si nada hubiera pasado.

En el verano de 1445, cuando por lo menos el sector

borgoñés de la «flota de bloqueo» hizo su entrada en la desembocadura del Danubio y Hunyadi partió de Hungría con un pequeño ejército, Vlad Dracul aprovechó los refuerzos para conquistar la importante ciudad de Giurgiu, que controlaba las rutas hacia Bucarest y Tirgoviste.

A pesar de este éxito marginal, las cosas se presentaban mal para la causa cristiana. Las esperanzas que habían despertado la «prolongada campaña» se habían disipado por completo. La unión de Polonia y Hungría había dejado de existir, la fracción de la nobleza húngara estaba profundamente dividida y sólo a costa de grandes esfuerzos pudo aglutinarse gracias a la autoridad y tenacidad de Hunyadi. El frente antiturco se desmoronaba. Las ciudades marítimas se afianzaban en su política de distensión y, ante tan deprimente situación inicial, se sentían poco motivadas para afrontar riesgos en su comercio lucrativo en el Egeo y el mar Negro. Jorge Brankovic de Serbia, cuyos territorios húngaros le habían sido arrebatados por los partidarios de Hunyadi, se orientó hacia una política de amistad con los turcos; los bizantinos pagaban tributo y el *beg* Ibrahim de Karamania debió firmar un tratado de paz con el sultán. Con excepción de Albania, los turcos quedaron como vencedores absolutos, impidiendo el cerco amenazador. El estado otomano se hacía cada vez más fuerte.

El ánimo abatido de Occidente no se debía tan sólo a la derrota sufrida momentáneamente. También se debía a la perspectiva de una fuerza expansionista duradera del reino otomano. Al parecer, no había posibilidad alguna de detener el avance turco. Los contemporáneos se sentían testigos oculares de un cambio desastroso. Exactamente doscientos años antes, Jerusalén había caído definitivamente en poder de los infieles y, desde entonces, su poder había ido en aumento de un modo incontenible: ¿era aquél el inicio del fin del mundo cristiano? Enea Silvio escribió con sumo pesimismo, pero aunando al mismo tiempo, en una bella imagen, el dominio laico y la fe cristiana:

«[...] vemos restringida y recluida en un rincón la fe cristiana, ya que, después de haber conquistado el orbe entero, se la expulsa actualmente de Asia y Africa y no se la deja en paz en Europa. Grande es el reino que tártaros y turcos siguen ocupando en esta orilla del Don y el Helesponto, y los sarracenos en España; pequeño es el territorio que conserva el nombre de Cristo sobre la Tierra [...]».[1]

En 1446 los turcos enviaron una misión a Valaquia que informó al príncipe del buen estado de salud de sus hijos, ofreciéndole un pacto de alianza que le concedía Giurgiu, pero asegurándose su adhesión al reino otomano de un modo inequívoco: Vlad Dracul debía abstenerse de toda acción militar contra el sultán, tenía que pagar tributo y ordenar la extradición de más de 4.000 búlgaros que, en 1445, habían sido trasladados por Hunyadi desde las regiones turcas a Valaquia. Vlad Dracul aceptó.

La reacción de Hunyadi se hizo esperar años. En noviembre de 1447 marchó con un ejército por los pasos de los Cárpatos, tras haber entablado contacto previo con la facción prohúngara de los boyardos valacos. Cuando Hunyadi se negó a negociar, Vlad Dracul reunió tropas y se alistó para la batalla.

La conducta del general húngaro es comprensible por la tensión que existía en sus relaciones con el voivoda valaco. La actitud del príncipe en la cuestión de la alianza, su apoyo a medias sincero en las campañas húngaras y finalmente la oposición abierta de 1444, seguida de la detención de Hunyadi tras la batalla de Varna, no eran por cierto medidas muy apropiadas para suscitar una íntima amistad. Por lo tanto, sería falso querer interpretar la acción de Hunyadi como una campaña puramente vengativa. Apoyado en sus cargos —voivoda de Transilvania, conde de Szekler, *ban* de Severin, capitán general de Belgrado y, desde 1446, gobernador de Hungría en nombre del menor de edad

Batalla entre rumanos (lado derecho de la figura) y húngaros

Ladislao el Póstumo—, planeó una nueva campaña contra los turcos. Después de las experiencias de los últimos años, debía partir del hecho de que la ayuda occidental, gustosamente prometida, quedaba como siempre descartada. Tanto más urgente era entonces la necesidad de eliminar los riesgos posibles en el propio ámbito de poder. Como no podía confiar en el apoyo de Vlad Dracul, Hunyadi deseaba esta vez un mayor apoyo militar.

Vlad Dracul fue derrotado, pero pudo escapar. Su hijo, Mircea, fue apresado y ejecutado en Tirgoviste. En las proximidades de Bucarest, a tan sólo 60 kilómetros del Danubio salvador, Vlad Dracul fue apaleado hasta la muerte. Su tumba, si acaso le fue concedida una, no ha sido hallada hasta nuestros días.

El príncipe de Valaquia cayó no tanto porque no fue, ni quiso ser, instrumento de otros, sino más bien por intentar aprovechar para sí y para su país las coyunturas de su época. Había mantenido su política durante doce años, y el hecho de que fracasara debe atribuirse a la nueva fase del conflicto entre los bloques húngaro y turco. Hasta aquel momento, ambos lados se habían contentado con aprovecharse de vez en cuando de Valaquia para sus planes. Pero entonces, tras la pérdida absoluta de la influencia húngara en la región balcánica, Hunyadi movilizó todas sus reservas. El apoyo incondicional de Valaquia le habría garantizado, más que nunca, los medios indispensables para llevar adelante una guerra: soldados y dinero. Para disponer de ellos, habría necesitado a un voivoda dócil, condición que Vlad Dracul no cumplía. Con Vladislav II, Hunyadi tenía a un príncipe conforme a sus deseos. Al mismo tiempo, colocó en Moldavia a un voivoda sumiso. En Kiliá, situada en el «territorio tripartito» de Valaquia, Moldavia y el reino otomano, estableció una guarnición húngara que velara por la seguridad de la desembocadura del Danubio y de ambos principados.

El «viajero en asuntos de poder» (1448-1456)

Batalla de Kosovo - Primer gobierno de Vlad Draculea - El exilio: Moldavia y Transilvania - Dos asedios: Constantinopla y Belgrado

A comienzos de 1448, llegó a la corte del sultán la noticia del cambio de poder en el principado de Valaquia. Vlad Draculea fue elevado al rango de pretendiente al trono. Murat II le ofreció su apoyo para llevar a cabo sus aspiraciones sucesorias, y le concedió un título nobiliario en señal de amistosa deferencia. Luego se dirigió al oeste y atacó a Castriota.

Tanto Jorge Brankovic, como los espías húngaros de los que disponía, informaron durante aquel verano a Murat que Hunyadi había disuelto el cuerpo de caballeros y que, en breve, se pondría en marcha con su ejército. El sultán confió entonces al *beg* local el ataque a Castriota, regresó a Sofía y reorganizó sus fuerzas militares con sumo cuidado.

Lo mismo venía haciendo Hunyadi desde hacía dos años. Del resultado de la guerra no sólo dependía el poderío húngaro en los Balcanes; todos sus planes de política interior estaban en juego. Por ese motivo, los preparativos de Hunyadi eran largos y meticulosos, precisamente en virtud de sus experiencias anteriores en la campaña balcánica.

El poder de mando no fue compartido esta vez. Lo secundaban dos hábiles comandantes, sus cuñados Johann von Szèkely y Michael von Szilàgyi. Tan sólo las tropas que correspondían a sus territorios sumaban 10.000 hombres; el voivoda de Valaquia le facilitó 8.000 más y participó personalmente en la campaña. Este reclutamiento se completó con mercenarios alemanes e italianos, y tampoco faltarían carros de combate checos. Estas tropas de a pie, a sueldo y capaces de enfrentarse a los jenízaros, sumaban en total más de 10.000 hombres. Era de esperar que la nobleza húngara, por motivos conocidos, declinara su participación en la guerra contra los turcos, que el nuevo papa Nicolás V no enviara dinero alguno, que desaconsejara la empresa, y que los aliados occidentales no mostraran interés alguno. Aun así, se añadieron 4.000 soldados acorazados provenientes de la facción noble de Hunyadi.

Este ejército de 32.000 hombres era, desde cualquier punto de vista, comparable al de 1443: en su estructura y organización estaba perfectamente preparado para la lucha contra los turcos. A mediados de septiembre, Hunyadi cruzó el Danubio y le exigió a Jorge Brankovic que se adhiriera a la campaña. El déspota consideró escasas las posibilidades de Hungría. Hizo saber que «un ejército tan débil no podía medirse con los turcos, y él temía más a Murat que a los húngaros».[1] Acto seguido, Hunyadi pasó a considerar Serbia como nación enemiga.

Al igual que en 1443, marchó hacia Nis, pero no se dirigió hacia Sofía, donde le esperaba Murat, sino al sudoeste, a Albania, para unirse con las tropas de Castriota.

Murat ordenó el avance. Mientras él dirigía una marcha forzada, Vlad Draculea cabalgaba con una pequeña fuerza turca en dirección a Valaquia: la ocasión para apoderarse de la herencia paterna era más favorable que nunca. Vladislav II estaba ausente, y el país desprovisto de tropas.

Repitiendo el ardid estratégico de Varna, hacia mediados de octubre el sultán se halló a espaldas de los húngaros, quienes habían hecho un alto en el Campo de Kosovo (Kossovo Polje) para reponerse de la fatiga previa.

«El gobernador [Hunyadi (observación del autor)] se estableció con su fuerza de choque en el Campo de Kosovo y, advirtiendo que el poder y la fuerza del sultán eran mayores, les escribió la siguiente carta: "Sultán, no tengo tantos hombres como tú, pero, a pesar de tener pocos, sé

Sipahis turcos

que son buenos, rectos, leales y valientes". El sultán respondió a Janko: "Janko, prefiero una aljaba llena de flechas ordinarias que seis o siete de oro".» [2]

La distribución del ejército húngaro demostró la capacidad de Hunyadi para comprender y aplicar los nuevos principios de guerra. A la manera husita, hizo formar los carros de combate sobre una colina dominante y, a sus pies, apostó el grueso de las tropas. Situó además allí parte de la caballería pesada como reserva de ataque. A derecha e izquierda de esta posición estaba el resto de la caballería. Los turcos habían mantenido su habitual formación de batalla, jenízaros en el centro, *sipahis* en los flancos.

La batalla duró tres días. Los turcos, que contaban con doble número de guerreros, rechazaron el ataque de Hunyadi y no se dejaron atraer fuera de su posición defensiva. Un ataque nocturno al campamento jenízaro no tuvo éxito. El problema era que ambas partes habían constituido una formación de lucha defensiva, y Hunyadi debía a toda costa pasar a la ofensiva. El ejército turco lo había aislado de sus líneas de abastecimiento, y ya sufrían las consecuencias de la carencia de agua y provisiones. Al segundo día, Hunyadi intentó forzar un desenlace, atacando masivamente el ala derecha turca. Al poder desordenarla, acto seguido envió a toda su caballería pesada contra los jenízaros. Una vez más, la posición de éstos se mostró invulnerable. Al atardecer, el ejército húngaro se retiró hacia los carros de combate. Sus pérdidas —15.000 soldados caídos— eran extremadamente graves. Por la noche, se retiraron las tropas valacas de auxilio, pero ésta no fue la causa de la derrota, de la que una vez más se las culparía. Al día siguiente, Hunyadi y el resto del ejército huyeron hacia la frontera, aunque sólo unos pocos consiguieron alcanzar su patria.

La política húngara en los Balcanes llegó a su fin. Con ello, no se eliminaron las consecuencias que este desenlace tuvo para Hunyadi. Gran parte de sus seguidores nobles había caído en Kosovo. En 1449, se le retiró el cargo de voivoda de Transilvania y el título de conde de Szekler. Adversarios políticos suyos le relevaron. No volvió a hablarse de un poder central en Hungría. Cuando, en 1452, Ladislao el Póstumo cumplió la mayoría de edad y se convirtió en Ladislao V, Hunyadi debió renunciar también al cargo de regente del reino. Siguió siendo uno de sus consejeros, aunque perdió su posición de privilegio.

Su adversario, Murat, tenía mejor mano. Gracias al apoyo turco —el precio fue la cesión de Giurgiu—, su protegido, Vlad Draculea, penetró en Tirgoviste. Nada se sabe acerca de este primer gobierno de Vlad Draculea, aunque se sospecha que intentó vengar la muerte de su padre y su hermano. Sin embargo, no logró afianzarse en el poder. Vladislav II, quien regresó en noviembre del Campo de Kosovo, volvió a expulsarlo del territorio sin dificultad.

Vlad Draculea viajó durante los ocho años siguientes. En verdad, muchos como él en Europa podían pretender legalmente a una posesión y un dominio de un modo más o menos convincente. Pero de poco valían esas pretensiones: necesitaban aliados en el interior y en el exterior. Había que poner a prueba su eficacia, firmar compromisos, sacrificar privilegios y poder en función de una u otra parte del país —más tarde todo volvería a recuperarse—. Aquellos que se mantenían bien firmes en los estribos —el rey o el sultán— utilizaron de buena gana al «viajero en asuntos de poder». Con él disponían de un medio de coacción permanente para dar a entender a los príncipes vasallos que podían prescindir de ellos, puesto que ya tenían a un sustituto.

A pesar de su fracaso, el breve primer gobierno de Vlad Draculea fue todo un éxito para el sultán. Giurgiu era nuevamente turca, Vladislav II se sometía a Murat y le enviaba un tributo. En vano empleó Vlad Draculea sus buenos conocimientos de los asuntos de la corte turca y conferenció con visires y el heredero del trono, Mehmed, quien había nacido en 1432, y por tanto casi de su misma edad: el príncipe de Valaquia, en aquel momento, era de poca utilidad.

La perspectiva de suceder a su padre y mantenerse al servicio del sultán, como Vlad Dracul lo había hecho con Segismundo, evidentemente no satisfacía al hijo. Vlad Draculea se arriesgó a una ruptura con el sultán y se dirigió al principado de Moldavia.

Eligió Moldavia porque allí tenía a unos parientes. Una estancia en Hungría o Transilvania quedaba excluida. El momento para su huida, a comienzos de 1449, fue mal escogido; se supone que Vlad Draculea tenía la intención de solicitar ayuda al voivoda moldavo para sus planes en Valaquia. Esta hipótesis puede considerarse acertada, si se tiene en cuenta el ritmo intensivo que el imperialismo feudal iba a asumir en los años siguientes, ya que, en el curso de tan sólo tres años, el principado asistió: a la caída del voivoda Pedro, que había sido colocado por Hunyadi; a la llegada al poder de Alejandro II, protegido de Polonia; a su expulsión por Bogdán II; al inútil intento de Polonia de restablecer por las armas a Alejandro II; y, finalmente, al asesinato de Bogdán II por una conjura de nobles.

Se ignora el papel desempeñado por Vlad Draculea en estos conflictos. Al parecer, peleó del lado de Bogdán, pues después de que éste muriera, en el invierno de 1451, regresó a Transilvania. De todos modos, puede dudarse de que Vlad Draculea haya participado efectivamente en la legendaria batalla de Crasna, en la que Bogdán acosó con tropas campesinas al ejército de caballeros polacos, de tal modo que éstos debieron regresar con graves pérdidas. Pero sí supo extraer enseñanzas de este hecho, pues, más tarde, supo aprovechar sus conocimientos de la técnica bélica de los turcos.

Vlad Draculea no cabalgó solo por el collado de Borgo-Pass hacia Transilvania; lo acompañó Esteban, el hijo de Bogdán, conocido más tarde como Esteban el Grande (Stefan cel Mare), príncipe de Moldavia. Esteban era seis años menor que Vlad Draculea, quien a la sazón tenía veinte años.

La estancia en Transilvania familiarizó a ambos príncipes rumanos con el sistema financiero y la influencia de las ciudades alemanas. Las dos más importantes, Kronstadt (9.000 habitantes) y Hermannstadt (6.000 habitantes), no alcanzaban la población de metrópolis comerciales como Nu-

Mehmed II (pintura de la época, de Gentile Bellini)

remberg o Colonia, que, con 25.000 y 40.000 habitantes respectivamente, constituían verdaderas urbes. No obstante, aquéllas eran centros comerciales incuestionables, bien afianzados y, desde todos los puntos de vista, podían en cualquier momento intervenir en los asuntos internos de Valaquia, si la política comercial así lo permitiera. Evidentemente, su eventual ayuda no era nada despreciable.

Vlad Draculea se esforzó por captar fuerzas para sí.

Desde Kronstadt, cuya situación favorable le permitía entablar contacto con boyardos valacos descontentos, negoció tan intensamente que sus andanzas llegaron incluso a oídos de Hunyadi, en la alejada Buda. De un modo breve y lacónico, éste comunicó al magistrado de Kronstadt que no veía posibilidad alguna de reemplazar a Vladislav II por Vlad Draculea. Ordenó que se le retirara al príncipe la hospitalidad, se lo apresara por agitador y se lo expulsara del país. Los de Kronstadt se tomaron su tiempo antes de obedecer la sugerencia.

La carta de Hunyadi data de febrero de 1452, pero todavía en septiembre Vlad Draculea permanecía en el sur de Transilvania.

Con su presencia, que equivalía a una incesante amenaza de intervención, el príncipe valaco no sólo procuró el buen comportamiento de Vladislav II con respecto a las ciudades sajonas: también fue útil como transmisor de información. Al corriente de los secretos de la corte del sultán, pudo aportar grandes enseñanzas; Radu, el hermano menor, aún vivía en Andrianópolis y muy posiblemente conservaba antiguas alianzas.

«En lo que a él se refiere, puede contarse un episodio notable: Radu, debilucho y libidinoso, famoso por su belleza, que contrastaba con la fealdad de su hermano, había permanecido durante años como rehén en la corte del sultán, gozando allí de la deferencia de Mehmed II. Conquistó su favor especial, y Calcocondilo[3] relata con todo lujo de detalles una anécdota que tuvo lugar entre Radu y el sultán. Cuando Mehmed II, siguiendo una reprobable inclinación, quiso abusar del joven Radu, fue sorprendido por éste con un golpe de espada. Por temor a la venganza del sultán, Radu trepó de inmediato a un árbol cercano para librarse de la persecución y captura. Finalmente, volvió a recibir favores, especialmente porque en lo sucesivo se mostró menos renuente a las aproximaciones del sultán.»[4]

Cabe preguntarse qué opinión merecía Mehmed II, ese nuevo sultán de diecinueve años que gobernaba el reino otomano desde 1451. En Occidente, reinaba el júbilo y el alivio por la muerte de Murat. Mehmed, quien se mostraba amistoso con las demás potencias y prometía firmar pactos con los estados cristianos, era considerado un joven inofensivo, cuya licenciosa vida sexual lo mantendría momentáneamente ocupado. La opinión escéptica del embajador bizantino, Georgios Sphrantzes, constituye una excepción:

«En febrero de 1451, murió el sultán Murat; yo me enteré en Iberia. Al volver a Trapezunt, me dijo el emperador de allí:[5] "Embajador, tengo una feliz noticia para comunicaros; a cambio, me daréis un hermoso regalo". Me eché a los pies de emperador y hablé: "¡Dios dé larga vida a Vuestra Majestad! ¡Cuántos favores me concede Vuestra Majestad! Y ahora tened a bien darme esa feliz noticia. Pero nada tengo que pueda ser digno de regalar a Vuestra Majestad imperial". Entonces me informó de la muerte del sultán y de que su hijo lo sucedería en el trono. Se mostraba el emperador seguro de que se reafirmaría la paz entre ellos, como antes entre el padre del emperador y aquella casa. Al oír esto, me callé y sentí un dolor semejante al que hubiera sentido de haberme enterado de la muerte de algún ser muy querido por mí. Entonces, dije afligido: "Majestad, no es ésta una noticia agradable, sino sumamente dolorosa". El preguntó: "¿Por qué, estimado amigo?". Y le respondí: "Porque el difunto sultán era un anciano, que, si bien es cierto que a menudo había intentado luchar contra nosotros [...] ya no quería emprender nada más contra nuestros hombres y deseaba convivir en paz. Pero el sultán que ahora vendrá es joven y desde la niñez enemigo de Cristo, contra el que profiere insultos y amenazas; dice que, cuando llegue el momento y tenga las riendas del poder en sus manos, destruirá y aniquilará el reino de los romanos [el Imperio bizantino *(observación del autor)*] y todo el reino de Cristo [...]"».[6]

Sphrantzes tendría razón. En 1452, tras firmar un armisticio de tres años con Hungría, Mehmed decidió de inmediato hacerse digno de los atributos *Bujuk* (el Grande) y *Fatih* (el Conquistador), realizando en falso las proféticas palabras suscritas por Mahoma: «Los musulmanes dominarán Constantinopla. ¡Feliz el príncipe, feliz el ejército que la conquisten!».

No se sabe con certeza desde qué posición contemplaba Vlad Draculea los acontecimientos políticos en el reino otomano y en Hungría entre los años 1452 y 1455. Tanto Transilvania como Moldavia estaban en discusión, pero no se ha detectado en esa época actividad «draculesca» significativa alguna en ambos lugares. Se sospecha que dispuso del tiempo suficiente para realizar un estudio comparativo de los dos sistemas: así lo demuestra su política posterior.

En el reino turco se dieron modificaciones preocupantes. Murat II había impulsado una prudente política de equilibrio interior y exterior. Favoreció a la facción *dewschirme,* pero dejó que la aristocracia turca se hiciera con el dinero y los títulos de todo un sector del país. Desde el punto de vista de la política exterior, le bastaba con recibir tributos de la mayoría de los estados de la región central turca, formando así un vasallaje relativamente moderado.

El factor impulsor de la política expansionista turca radicaba en la nobleza, con su afán

«[...] de aumentar las rentas feudales a fin de afirmar y mejorar su posición de dominio respecto de sus competidores y de sus súbditos explotados. La fuerza impulsora de la política y la economía feudal es la conservación de la posición de poder en el interior de la propia clase y su máxima extensión posible».[7]

Ideológicamente, la política expansionista tuvo su origen en el concepto de «guerra santa» *(dschihad)*, contrapartida islámica de la noción cristiana de «cruzada». En consecuencia, la aristocracia turca abogó desde un comienzo por la continuación de la política belicista en los Balcanes, mientras la facción *dewschirme* pugnaba fundamentalmente por una expansión hacia el este. Dado que la posición política interior de la facción *dewschirme* se reforzó de tal modo que, en la repartición de tierras, le correspondió una mayor porción que a la aristocracia, ésta pasó a defender una actitud pacifista contraria a la de los *dewschirme*, quienes proponían una política bélica de expansión.

La oposición fue evidente en 1453, durante el sitio de Constantinopla. Halid Chandarli, primer ministro del sultán y representante de la facción de los nobles turcos, desaconsejó imperiosamente un ataque y, durante el sitio, intentó incluso convencer al sultán de que cesara las hostilidades, guiado por la impresión de que la caída de Constantinopla dejaría el timón del Estado definitivamente en manos de la facción *dewschirme*. Su análisis demostró ser exacto. Tras la conquista de la ciudad, Chandarli fue apresado, acusado de traición y ejecutado. Los puestos estatales, que aún se hallaban en poder de la aristocracia, fueron ocupados casi en su totalidad por hombres *dewschirme*, cuyas vidas, posesiones y rango dependían por completo del favor o de la inclemencia de Mehmed. El poder del sultán fue asumiendo más y más rasgos aristocráticos. La adopción de un ceremonial de Corte, de acuerdo con el modelo bizantino, acentuó aún más la posición exclusivista del sultán, y se suprimió la aparición distante y aislada del soberano. Mehmed recopiló sus disposiciones y secretos en un código *(Kanunname)*. En él se formulaba, entre otras cosas, un inequívoco derecho sucesorio al trono que, partiendo de la indivisibilidad del poder, rompía con la tradición turca que sostenía que todos los hijos del sultán tenían el mismo derecho al trono. En lugar de esto, Mehmed decretó el fratricidio: el sultán designaba al más capaz de sus hijos como sucesor y lo colocaba en el trono; era deber de éste «asegurar la paz en el mundo, puesto que el desorden es más lamentable que la muerte». El propio Mehmed se condujo de este modo, ordenando matar a su hermano menor en 1451.

Paralelamente, y para garantizar la puesta en práctica de sus medidas, Mehmed fomentó la formación de jenízaros y la fabricación de armas de artillería. Gracias básicamente a estos dos factores, consiguió la conquista del «último bastión de la cristiandad», cuyos muros triples, de 13 metros de alto, eran considerados hasta entonces inexpugnables. Las descargas de la artillería turca consiguieron reducirlos a cenizas. Las piezas selectas de la artillería eran unos gigantescos cañones de ocho metros de largo que, según dicen, debieron disparar proyectiles de más de 600 kilos de peso.

«El fuego arrojado por estos instrumentos de cuerpo de bronce sembró la confusión y el dolor entre los cristianos; el humo que producían convertió el día en una noche sombría, y la faz de la Tierra se oscureció como el negro sino de los infieles.» [8]

Tras un sitio de dos meses, cayó la ciudad. Con el nombre de Estambul, Mehmed la convirtió, en 1457, en su capital. Occidente no había podido auxiliar a los 7.000 defensores que luchaban contra un ejército de 80.000 atacantes. La condición que había exigido el Papa como precio por la ayuda occidental, la unificación de ambas Iglesias, fue oficialmente aceptada, pero no se adecuaba a la opinión del último ministro bizantino, quien prefería el turbante del sultán al sombrero cardenalicio.

Pese a todo, el Papa no era capaz de obrar con eficacia. Una flota veneciana de pequeñas dimensiones, equipada con dinero papal, navegó tan pacíficamente que, en el momento de la caída de la ciudad, apenas alcanzada Quíos, ya se vio obligada a regresar sin lograr su propósito. Los venecianos se disculparon ante el sultán por el comportamiento de su colonia bizantina, que había luchado contra los turcos junto a los bizantinos, y aceptaron sin protestas la ejecución de Bailo (el máximo funcionario de la colonia comercial) y de ocho venecianos más. Mehmed honró esta conducta flexible renovando, en 1454, los contratos comerciales con Venecia, para alivio de la ciudad.

La caída de Constantinopla en manos de los turcos no fue la de una ciudad cualquiera. El 21 de julio de 1453, ocho semanas más tarde de la toma de Constantinopla, escribía Enea Silvio:

«¿Qué es lo que en verdad hemos perdido? Una ciudad real, por cierto, sede del Imperio oriental, la ciudad del pueblo griego, el trono del segundo patriarca. ¡Ay de ti, fe cristiana, que alguna vez te extendiste por doquier, cuán reducida y debilitada estás ahora! Esto es lo que más lamento y deploro, lo que inspira compasión por el pasado, y miedo por el futuro. Por eso me lamento con los que se lamentan. La situación es mala, las perspectivas aún peores. Hemos asistido a la derrota de los griegos, ahora esperamos la caída de los latinos. La casa vecina está arruinada, la nuestra espera sobre ascuas. ¿Qué hay entre nosotros y los turcos? Tan sólo un poco de tierra y agua nos separan de ellos. Ya penden los sables turcos sobre nosotros, y, mientras tanto, llevamos a cabo guerras civiles, perseguimos a nuestros hermanos y dejamos que los enemigos de la Cruz caigan sobre nosotros».[9]

Mehmed no se conformó de momento con el *status* de vasallaje de los territorios ocupados. Se sintió más seguro cuando éstos aumentaron considerablemente sus ingresos, puesto que los impuestos y las recaudaciones superaron el pago del antiguo tributo. Tras su victoria política sobre la aristocracia, Mehmed forzó la expansión turca, tal como lo esperaba la facción *dewschirme*. Al año siguiente, Serbia fue invadida: Jorge Brankovic, cuya política proturca se vio recompensada con la ingratitud, huyó hacia Hungría. Fueron tomados prisioneros 50.000 hombres y Hunyadi en persona dirigió la defensa de la fortaleza de Semendria. Los turcos regresaron en 1455 y ocuparon todo el sur de Serbia. De ese modo se apoderaron de la principal fuente de ingresos de Brankovic, la mina de plata de Novo Brdo, que emplearon para su provecho. El sometimiento del resto del país parecía ser sólo una cuestión de tiempo.

Se hacía cada vez más visible que Mehmed II no sólo pensaba afianzar sus conquistas, sino que planeaba un gran ataque a Hungría y a las restantes plazas cristianas del Egeo. Para ello Mehmed hizo construir una flota que, para gran alboroto de genoveses y venecianos, se presentó ante Quíos y Rodas. Su fuerza combativa era poco significativa —le faltaba la experiencia y la rutina de siglos en el arte de la navegación, que poseían en cambio ambas ciudades italianas—, pero resultó sumamente útil en operaciones combinadas de apoyo a las tropas terrestres.

Hunyadi adoptó medidas contrarias. Indujo al rey húngaro para que cediera a las ciudades sajonas el territorio y los derechos aduaneros del paso de Roten-Turm si, como contrapartida, aquéllas se avenían a reconstruir las fortalezas que se hallaban en ruinas. A Vladislav no acababa de gustarle la idea de que una de las principales rutas comerciales entre Transilvania y Valaquia quedara bajo exclusivo control alemán. El que, además, Hunyadi ocupara con este pretexto Fagaras y Amlas, feudos valacos en Transilvania, llenó de ira al príncipe. Su relación con Hunyadi empeoró visiblemente, de tal forma que empezó a buscar un sustituto. Vlad Draculea aprovechó el momento, y las ciudades sajonas se inclinaron por él. Hunyadi le entregó un permiso de residencia y lo acompañó a Buda, donde lo presentó ante el rey. Con ello, Vlad Draculea se aseguró un voto ter-

Ciudad y fortaleza de Belgrado

minante y se colocó en buena situación para ser reconocido como pretendiente al trono. La muerte de su padre, provocada por Hunyadi, había tenido lugar nueve años antes. Pero, en aquella época, las posibilidades de ascenso quedaron mermadas por cierto fallo de memoria.

La estancia en Buda fue instructiva. La Dieta húngara deliberó sobre la guerra con Turquía. El rey, presente al comienzo, se retiró a cazar: la situación no podía ser peor. Los estamentos reunidos se mostraron poco entusiastas ante la posibilidad de una guerra. Hunyadi tampoco podía esperar ayuda alguna de Occidente, tan sólo el Papa puso a su disposición una importante suma de dinero con el que pudo al menos contratar unos dos mil mercenarios.

Mehmed II inició grandes preparativos. La guerra que intentaba llevar a cabo debería eliminar de una vez por todas el grano de Hungría. «UN dios gobierna en el cielo; conviene que también en la Tierra gobierne UN príncipe.» [10] La frase de Mehmed se difundió por toda Europa.

Belgrado, «llave del reino húngaro», debía caer primero, luego seguiría la invasión por el interior de Hungría. Mehmed pensaba penetrar en la fortaleza siguiendo el modelo de Constantinopla, y marchó hacia el norte con un ejército de 100.000 soldados. El sistema de aprovisionamiento

101

turco demostró ser excelente. Un cuidadoso depósito de provisiones permitía un rápido avance del ejército. Estuvo incluso abastecido de bronce, y los cañones, esas nuevas armas tan decisivas en el sitio de Constantinopla, arrojaron su carga sobre Belgrado. Para cortar el abastecimiento por vía fluvial de la fortaleza, situada sobre el Danubio, una flota turca penetró en el río y lo bloqueó aguas arriba de la ciudad. Un cronista turco escribía:

«Llegamos con un ejército en el que los guerreros jamás dieron la espalda ante los golpes de sable, y los acorazados no cejaron bajo la lluvia de flechas. Decidimos conquistar Belgrado, porque de ese modo atraeríamos al enemigo al campo abierto».[11]

Cuando, el 4 de julio de 1456, se inició el cañoneo contra la artillería turca —manejada por húngaros, alemanes e italianos muy bien pagados—, Belgrado estaba rodeada por el ejército más moderno y combativo de Europa.

Junto con la tropa de mercenarios, Hunyadi pudo oponer al poderío turco 15.000 hombres reclutados en sus posesiones de Transilvania y Hungría. El rey seguía de caza; la participación de la alta nobleza fue insignificante; y la pequeña nobleza siguió el mal ejemplo de la alta. Belgrado fue defendida por 6.000 hombres a las órdenes del ya conocido cuñado de Hunyadi, Michael von Szilàgyi. Ante tan desfavorable situación, las posibilidades de Hungría no podían ser peores. El hecho de que, aun así, Belgrado se salvara, de que se lograra hacer retroceder al ejército turco y de que el propio Mehmed fuera sorprendido en la lucha, lo debe Hungría a un fenómeno contra el que ni siquiera las máquinas de guerra turcas, altamente desarrolladas, pudieron luchar. Fue tan simple como suena: se trató de un milagro que cobró forma concreta en la figura de Juan Capistrano.

Capistrano, que en 1456 era ya un anciano de setenta

años, fue considerado el «más grande predicador ambulante de toda la Edad Media», y es hoy en día un santo católico. Jurista de profesión, ingresó a los treinta y un años en la orden de los franciscanos, ascendió sin demora en la escala jerárquica y llegó a ser vicario general, el más alto cargo. Fue consejero de distintos papas, quienes lo enviaron por toda Europa como legado (embajador). Se le invistió de plenos poderes inquisitoriales, que supo utilizar con energía. En Italia persiguió a los *fraticelli*, una escisión herética de su propia orden, que consideraban a la Iglesia como «ramera de Babilonia» y la acusaban de haber extraviado la verdadera doctrina cristiana. Los *fraticelli*, que fueron hallados culpables de herejía, acabaron en la hoguera. En 1451, Capistrano continuó su actividad benéfica, que le valió «el apodo generalmente conocido hoy en día de Apóstol de Europa»,[12] en Bohemia, donde predicó una cruzada contra los husitas, pero los reyes bohemios se disgustaron con él y lo expulsaron del territorio. En Breslau, lanzó improperios contra el amor mundano, el lujo y la creciente corrupción de las costumbres; el pueblo, conmovido, acudió ante él con juegos, tablas, naipes y espejos, con los que se llevó a cabo una de esas «quemas de vanidades» que su descendiente espiritual, Savonarola, pondría en escena de un modo tan eficaz cuarenta años después.[13] Allí mismo, Capistrano reclamó la expulsión de los judíos. A las acusaciones usuales, según las cuales los judíos practicaban la usura y habían crucificado a Cristo, se añadieron las de la profanación de la hostia y el asesinato de niños cristianos. El resultado de sus palabras «inflamadas» no se hizo esperar: todos los judíos de Breslau fueron apresados, se les quitaron sus bienes, cuarenta y uno de ellos fueron hallados culpables y quemados en la plaza del mercado, y los restantes arrojados fuera de la ciudad. En el momento histórico que nos concierne, Capistrano se encontraba en Hungría y propagaba la lucha contra los infieles. Sus brillantes discursos retóricos ante los nobles alemanes y húngaros no prosperaron. Trescientos cincuenta

103

Juan Capistrano

años de prédica sobre las cruzadas habían consumido la idea en la sustancia misma; por otra parte, había mucho que perder y poco que ganar: Jerusalén quedaba más lejos que nunca.

Al principio, Capistrano tampoco obtuvo éxito entre las clases bajas: como hablaba en latín, nadie le entendía. Pero con la ayuda de un intérprete el Evangelio produjo el efecto deseado:

«El que ama a su padre o a su madre más que a mí, no es digno de mí; el que ama a su hijo o a su hija más que a mí, no es digno de mí. El que no tome su cruz y me siga, no es digno de mí. El que encuentre su vida, la perderá; y el que pierda su vida por mí, la encontrará [...]. Y todo aquel

Juan Hunyadi con armadura de la baja Edad Media

que haya dejado casas, hermanos, hermanas, padre, madre, hijos o hacienda por mi nombre, recibirá el ciento por uno y heredará vida eterna».[14]

«Dios así lo quiere», gritaban los fieles artesanos, campesinos, monjes y estudiantes; acudieron al fin en masa a unirse a Capistrano, quien los condujo a Belgrado. Se pusieron 35.000 en camino, mal pertrechados, poco habituados a la lucha, pero con fe en Dios.

Tal como era de esperar, los cañones turcos habían realizado ya su trabajo. Los muros de Belgrado estaban seriamente dañados, los fosos llenos de escombros. No obstante, la flota turca había sufrido un contratiempo, por lo que volvió a abrirse la vía fluvial. Esto le permitió a Hunyadi hacer penetrar al ejército cruzado en la ciudad, aunque, según se dice, recomendó el abandono de la fortaleza, puesto que no confiaba en el valor militar de Capistrano, guerrero de Dios; además, las provisiones se agotaban y, para colmo de males, se desató la peste.

Mehmed ordenó el asalto final en la noche del 22 de julio. Tres veces arremetieron los jenízaros contra la ciudad, tres veces fueron rechazados, con lo cual los «simples» sufrieron grandes pérdidas por no proteger sus vidas, embriagados como estaban por la fe. Desobedeciendo las órdenes de Hunyadi, quien había perdido por completo el control de esta borrachera religiosa y militar, persiguieron a los turcos en retirada, con el pequeño y delgado predicador Capistrano a la cabeza:

«Y los excelentes soldados [turcos], que habían aguantado asombrosamente, no pudieron resistir a la plebe enfervorizada por la ira del santo mártir. Murieron junto a sus lombardas, que fueron arrojadas al agua y a los fosos y destruidas. Pero, naturalmente, esta multitud se detuvo ante el frente jenízaro, en cuyo centro aguardaba, inmóvil, el sultán».[15]

A la mañana siguiente, Mehmed ordenó la retirada de sus desmoralizadas tropas, que se condujeron en perfecto orden y fueron protegidas por 6.000 jinetes recién llegados. Las pérdidas turcas ascendían a 25.000 hombres; el sultán había sido herido en un muslo por una flecha, dos de sus *begs,* entre ellos el general de los jenízaros, habían muerto, la flota y la artillería estaban destruidas. De acuerdo con la opinión de los contemporáneos, Dios se había puesto ostensiblemente del lado de los cristianos.

En primer lugar, la derrota de los turcos en Belgrado fue importante para Hungría. La Hungría feudal no podía permitirse derrotas, la defensa de Belgrado había decidido

Escudo de Valaquia

el destino del reino en un sentido positivo y aplazado su decadencia. El reino otomano poseía una capacidad de resistencia mucho mayor. Su ejército estaba intacto, y el sultán prosiguió sin interrupción su política expansionista en los años siguientes. Incluso el «flagelo de Dios», la peste, parecía estar al servicio de Mehmed. Tres semanas después del sitio, la muerte sorprendió a Hunyadi, el organizador de la resistencia húngara. Hacia finales de octubre, murió también por contagio Capistrano. A los restantes contrincantes no les fue mucho mejor:

«Los guerreros, marcados con la cruz, habían acabado prácticamente con las escasas provisiones y constituían una verdadera plaga para el país, de modo que los campesinos se rebelaron para liquidarlos. Sólo con el invierno regresaron algunos infelices, henchidos de dolorosas experiencias: se habían limpiado de sus pecados, pero también habían agotado su confianza, su coraje y su espíritu de sacrificio».[16]

Objetivo alcanzado:
Vlad Tepes, voivoda de Valaquia (1456-1462)

Antes aún del ataque de Mehmed, Hunyadi le había confiado a Vlad Draculea la vigilancia y la protección de Transilvania, confiriéndole el cargo que su padre había poseído antes ya de 1436. Recomendó a las ciudades sajonas que apoyaran incondicionalmente a Vlad Draculea. Cuando, a finales de julio, llegaron las noticias de la derrota turca y de la retirada de Mehmed, Vlad Draculea se lanzó sin demora y marchó a Valaquia con su contingente transilvano. Vladislav II perdió la batalla y fue hecho prisionero. Vlad Draculea ordenó su ejecución en la misma plaza del mercado donde su hermano Mircea fuera muerto a manos del verdugo. El nuevo voivoda subió al trono de Valaquia como Vlad III. Su apodo, Draculea, dejó de ser el único; pasó a la historia como Vlad «Tepes», Vlad «el Empalador».

*

El príncipe de veinticinco años, quien, tras ocho de intensiva actividad política en el exilio, residía nuevamente en su capital de Tirgoviste, había viajado mucho y respondía a su aspiración de ser un hombre cultivado, al menos desde el punto de vista político-militar. Por una parte, era un gran conocedor de las relaciones en el sudeste europeo, así como de la estructura interna del poder tanto en el reino otomano como en el húngaro; había experimentado la complejidad de Transilvania y vivido el caos feudal en el principado de Moldavia. Sus conocimientos no eran abstractos; antes bien, los había adquirido en la práctica, siempre en contacto directo con los protagonistas de los hechos, a quienes conocía personalmente: Juan Hunyadi, y sus hijos Ladislao y Matías: Michael von Szilàgyi, cuñado del general, y Ladislao V el Póstumo, el joven rey húngaro. Aun cuando el príncipe no estuviera en Andrianópolis, Mehmed confiaba en él, y su hermano Radu gozaba de la constante simpatía del sultán. Conocía al viejo militar Castriota, y a Esteban, quien, desde el norte de Transilvania, tramaba incansables intrigas contra el voivoda de Moldavia.

Los cuatro, es decir, los que acaban de alcanzar el poder —Mehmed y Vlad Tepes— y los que están a punto de hacerlo —Esteban en Moldavia (1457) y Matías Hunyadi en Hungría (1458)— tienen mucho en común. Todos han tenido que luchar por un poder para el cual no estaban legítimamente destinados. Como tercer hijo, Mehmed no tenía opción al sultanato, hasta que, con la muerte de sus hermanos, Murat II resolvió nombrarlo sucesor al trono. Su reinado fue enteramente distinto al de su padre, y quedó ensombrecido por la actitud de la facción de los nobles. A Vlad Tepes tampoco le había sido fácil. A la sombra del imperialismo feudal, como rehén turco, pretendiente fracasado, eterno prófugo y siempre dependiente del favor de los demás, debió cultivar aquel desprecio y aquella cínica arrogancia que constituyeron los rasgos característicos de su personalidad. El tercero, Matías Hunyadi, presenció en 1457 la ejecución de su hermano mayor Ladislao, fue hecho prisionero en Praga y sólo pudo imponerse tras la derrota de varias revueltas nobles. Esteban, por último, era, desde los catorce años, después del asesinato de su padre, un prófugo político.

El ámbito de experiencia común puede ampliarse. Todos ellos eran considerados arribistas, soberanos cuya ascendencia y origen no revelaban la acostumbrada pátina aristocrática. Este era sobre todo el caso de Mehmed, hijo de una esclava, y de Matías, a cuyo abuelo, Vuk, le habían ennoblecido y concedido feudos tan sólo hacia 1409, lo cual llevó a un miembro de la alta nobleza a difamar a los Hunyadi tachándoles de «casta de perros». El origen de Vlad Tepes y Esteban tampoco era inmaculado. Vlad Draculea se consideraba con pleno derecho hijo de Mircea cel Batrin, pero era ilegítimo por parte de madre, y el padre de Esteban, Bogdán II, fue considerado generalmente como un usurpador, a pesar de que él aseguraba descender de una antigua familia noble y tener por ello derecho al trono.

Estos factores[1] —centrados en la figura de los advenedizos, que debieron imponerse enérgicamente a los antiguos poderes— fueron indudablemente responsables de que ninguno de los cuatro pudiera lograr el apoyo de la aristocracia feudal, sino que tuvieran que obtenerlo de otros aliados. Lo cual no significa que estos factores sean el único motivo de la formación de un fuerte poder central, meta política que los cuatro anhelaron.

La paz

Un vistazo a las fronteras - ¿Qué hacer para seguir siendo independiente? - La modernización del principado - Absolutismo feudal - Guardia personal - Ejército popular - Asesinato de los boyardos - Política comercial y eclesiástica - Excesos de la creencia en el régimen - Fortificación

Al comienzo, el nuevo voivoda de Valaquia tuvo que saldar deudas poíticas. En un contrato firmado con las ciudades sajonas, Vlad Tepes suprimió las restricciones comerciales impuestas por Vladislav II y garantizó a los alemanes el derecho al libre comercio en Valaquia, a cambio de lo cual éstos le brindarían ayuda militar contra los turcos y derecho de asilo en Kronstadt, en caso de que se produjera

111

una expulsión. A principios de septiembre, prestó juramento de fidelidad al rey de Hungría. No bien hubo bajado la mano con la que había jurado se vio obligado a alzarla nuevamente, esta vez para declararse vasallo de Turquía. La misión turca llegó el 10 de septiembre de 1456 y le exigió, además del tributo anual de 2.000 ducados, el derecho a la libertad de tránsito hacia Transilvania y, a partir de entonces, el deber de recabar el permiso del sultán para la elección de un príncipe; asimismo, Vlad Tepes debía hacer personalmente entrega del tributo y, en señal de sumisión, debía besar el borde del manto del sultán.

Vlad Tepes lo aceptó todo; más tarde, cuando dispusiera de cierto poder, podría negarse a todo. En aquel momento, no era posible. La soberanía de Valaquia había sufrido sensiblemente desde la muerte de Vlad Dracul. Sólo parecía plantearse la cuestión de quién ocuparía el principado. Valaquia había perdido en Transilvania sus feudos Fagaras y Amlas. En Kiliá, importante puerto del Danubio, había una guarnición húngara; en Giurgiu y en otros lugares acampaban tropas turcas. Los boyardos habían afianzado sin problemas su posición en el poder. El comercio se encontraba por completo en manos extranjeras.

Desde el punto de vista de la política exterior, las cosas no parecían más propicias. Serbia había sido aniquilada, Hungría, tras la muerte de Juan Hunyadi, se hallaba paralizada por luchas de poder entre distintas facciones de la nobleza. Desde la caída de Constantinopla, ya no se podía contar con la posibilidad de que una flota cristiana de auxilio penetrara en la desembocadura del Danubio. Los turcos bloqueaban actualmente los estrechos, ningún barco genovés o veneciano navegaba por temor a los cañones, y los genoveses pagaban altas tasas aduaneras para poder atravesar el Bósforo y los Dardanelos. El intento turco de acabar con el reino húngaro en una sola batalla había, por cierto, fracasado, lo cual no supuso el cese de la lucha contra Hungría, si no de frente, sí al menos por los flancos. El camino hacia Buda ya no pasaba por Belgrado. Quedaba el paso por Bosnia o Transilvania y, de quedar éste libre, significaría la ocupación de Valaquia. Este panorama desolador mejoraba tan sólo en el sudoeste. Allí, en Albania, hacía trece años que Castriota-Scanderbeg derrotaba regularmente a los turcos con fuerzas cada vez más débiles. ¿Quién sabe si no había algo que aprender de esa experiencia?

Lo cierto era que había algo que aprender de los turcos, al igual que de los húngaros, aunque negativamente. Lo que otorgaba a los turcos semejante superioridad aparecía de pronto como el único remedio para la precaria situación del principado: o sea, la formación de un fuerte poder central capaz de mantener la independencia del país. Las consecuencias de este firme propósito fueron notorias, pues sus adversarios, los boyardos, formaron un grupo aparte, ajeno al nuevo poder encarnado por el soberano y listo en todo momento: un ejército permanente, a sueldo y al margen del derecho consuetudinario, según el cual sólo en caso de guerra el voivoda podía reclutar tropas. No obstante, éste se las ingenió para imponerse: desarrolló el comercio, haciendo que los impuestos aduaneros y las contribuciones fueran a parar a sus bolsillos, y modificó su *status* de príncipe, otorgándose mayor carisma y libertad ante las normas legales. También en este aspecto había mucho que aprender de los turcos, especialmente de Mehmed II, y Vlad Tepes lo hizo de modo impecable.

El tiempo apremiaba, y de la celeridad dependía todo. Los turcos no sólo dominaban en el ajedrez del poder, sino que eran adversarios. La supremacía del sultán y la transformación de la sociedad se asentaban, en el reino otomano, en una experiencia de setenta años sobre la que Mehmed II pudo edificar su dominio. El principado de Valaquia era todo lo contrario. Siempre bajo la amenaza inminente de un ataque turco. Vlad Tepes inició una carrera contra reloj, y procuró «modernizar» el principado en cinco años.

Apenas situado en el poder e iniciados los primeros pasos, Vlad Tepes se granjeó la desconfianza y el rechazo de sus aliados occidentales. Hungría lo provocó, exigiéndole la devolución de los feudos valacos de Fagaras y Amlas; como respuesta, Vlad Tepes intentó por el contrario imponerles el derecho de emporio, en aquel entonces instrumento fundamental de toda política económica cuando se trataba de crear las condiciones adecuadas para un impulso de esta índole.

Para comprender lo explosiva que era esta última exigencia, debemos dar alguna información acerca de la estructura económica del principado. Ya he mencionado la posición monopólica de los alemanes en el comercio valaco-transilvano; pero su verdadero dominio se hacía patente en el comercio a distancia, en el que, paradójicamente, su posición había mejorado merced al avance turco. Sus competidores, los ragusinos y los genoveses, sufrieron graves restricciones en su comercio. El camino a través de Serbia, que solían tomar los ragusinos, era considerado poco seguro como consecuencia de los permanentes conflictos bélicos en esa región; los genoveses iban perdiendo poco a poco su posición preponderante en el comercio del mar Negro. Kaffa, su principal centro comercial en Crimea, —que no sólo facilitaba el intercambio con el principado valaco pasando por Kiliá y Akkerman, sino que, a través de Kronstadt y Hermannstadt, alcanzaba la Alta Alemania—, había iniciado un período de decadencia. Aunque la caída de Constantinopla no había separado las colonias genovesas en el mar Negro de su ciudad-madre, sí había sometido su comercio al control de los turcos. Con todo, Kaffa, donde de 2.000 a 3.000 comerciantes italianos vivían con sus familias, seguía siendo un centro económico de primera magnitud y obteniendo lucrativas ganancias con los artículos de lujo, los esclavos, las especias, las joyas y las sedas en particular.

Para Vlad Tepes era de vital importancia aprovechar el tránsito por Valaquia como fuente de ingresos. El escaso

Palacio del príncipe en Tirgoviste

volumen comercial del principado, con exportaciones de sal
y vino, poco significativas en comparación con las valiosas
manufacturas de telas (de Ypres, Lovaina y Colonia) y de
armas (de Italia, Hungría y Nuremberg), no le permitía incrementar los impuestos. El comercio sólo se desarrollaría si,
primero, lo hacía sangrar. Para ese fin, no bastaba con imponer tasas aduaneras de ingreso y de salida al tránsito comercial transilvano. El comercio valaco debía participar en
él manteniendo un mercado proteccionista. El derecho de
emporio le pareció a Vlad Tepes el medio más adecuado
para conseguirlo. A partir de entonces, los comerciantes alemanes no pudieron atravesar el principado con sus mercancías sin antes ofrecerlas a los comerciantes valacos en determinados mercados —Cimpulung, Tirgoviste y Tirgsor— a
precios de mayorista. Si los valacos deseaban adquirir las
mercancías ofrecidas, se les aseguraba el derecho de tanteo
y reventa. Estas condiciones perjudicaron durante mucho

115

tiempo a las ciudades sajonas. No sólo perdieron el comercio interior en el principado, dominado ya exclusivamente por comerciantes valacos, sino que vieron también peligrar la actividad que les aportaba los mayores beneficios, el comercio a distancia, puesto que la fuerza del capital de la competencia aumentaba irremisiblemente gracias al curso proteccionista del príncipe.

Estaba claro que había sido un error colocar a Vlad Tepes en el poder, y había que remediarlo. Las ciudades sajonas le opusieron otros pretendientes al trono. Los de Kronstadt apoyaron a un tal Dan; los de Hermannstadt a un hermanastro de Vlad Tepes, Vlad el Monje (Calugarul). Estos se dedicaron de inmediato a reclutar partidarios entre los boyardos valacos.

En la primavera de 1457, Vlad Tepes envió un ultimátum a ambas ciudades para que negaran asilo a sus oponentes y los expulsaran. Las graves palabras no produjeron el efecto deseado. Hermannstadt intentó incluso que Vlad Calugarul se instalara en Amlas, el feudo reclamado por Vlad Tepes. A esta nueva provocación, el voivoda contraatacó con suma violencia. Penetró en Transilvania, quemando e incendiando, y saqueó la región de Kronstadt y Amlas. Ni siquiera a las mujeres y a los niños se les perdonó la vida. Los que no sucumbieron en las llamas fueron arrastrados a Valaquia y empalados. Las ciudades sajonas se quejaron a Ladislao V, y Vlad Tepes buscó de inmediato aliados encontrándolos en los opositores del rey: la familia Hunyadi. Envió a su viejo conocido Michael von Szilàgyi para negociar entre ambas facciones enemigas una paz medianamente aceptable. En noviembre, lo consiguió al menos con Kronstadt. De acuerdo con Schässburg, la ciudad se declaró dispuesta a expulsar a Dan, si Vlad Tepes abandonaba su política comercial proteccionista. El príncipe firmó y se restableció la situación anterior. Los habitantes de Kronstadt lograron lo que deseaban. A modo de consuelo, Vlad Tepes esperaba poder contar en el futuro con el principado

Kronstadt

de Moldavia, donde, en abril, Esteban había expulsado a su predecesor, Pedro Aron, con el apoyo de tropas valacas.

La relación con las ciudades sajonas siguió siendo tensa. En 1458, Vlad Tepes se había situado del lado de la facción de Hunyadi. Matías Hunyadi –Corvinus, como se hacía llamar, después de que el historiador de la corte, Bonfinius, le hiciera un árbol genealógico que se remontaba hasta los romanos– fue elegido nuevo rey de Hungría, tras la súbita muerte de Ladislao V, y con la ayuda de 2.000 hombres que Michael von Szilàgyi supo conducir en el momento preciso. Las ciudades sajonas, que no disimulaban su preferencia por Federico III como rey de Hungría, reaccionaron mal. Matías se adhirió de inmediato a la facción de su aliado valaco e instruyó al magistrado de Hermannstadt para que pusiese fin a la querella con Vlad Tepes. Como resultado, se firmó un acuerdo en marzo de 1458. Pero, ya en verano, se empañaron las relaciones entre el rey y el voivoda de Valaquia. Michael von Szilàgyi había manifestado de tal modo su deseo de poder e influencia que obligó a Matías Corvinus a enviarlo a prisión. Por desgracia, Vlad Tepes era considerado un aliado de Szilàgyi. Al voivoda no le ayudaba el hecho de que hubiera aprovechado tan rápidamente la crisis húngara para apoderarse de la importante ciudad de Kiliá. La velocidad de la acción disgustó también a Esteban, quien asimismo reclamaba el puerto. A partir de entonces, la relación del rey húngaro con su vasallo valaco estuvo determinada por cierta desconfianza.

Durante los dos años que precedieron a estos hechos, Vlad Tepes había ido edificando con esmero su posición de poder. El príncipe había aumentado su guardia personal y, con ella, empezó a reducir la influencia boyarda. Una vez que los apresaba, siguiendo el principio de la corresponsabilidad familiar, no sólo los hacía empalar a ellos, sino también a sus familias. Sus posesiones eran confiscadas y repartidas entre los partidarios del príncipe. De todos modos, nadie habría podido decir quién alcanzaría la victoria final, si la facción de los nobles o la coalición formada por Vlad Tepes y los boyardos deseosos de cooperar, los comerciantes y los campesinos libres.

Es posible que los turcos aceleraran la crisis. Mehmed II, en 1458, había ocupado por completo Grecia, y sólo quedaban las colonias venecianas, que fueron derrotadas finalmente por el gran visir Mahmud Serbien. Vlad Tepes, por su parte, pudo haber provocado este avance amenazador, al forzar con firmeza sus propósitos en materia de política interna.

Otros opinan que, tras el fracaso de su primer duelo con las ciudades sajonas, atribuyó las verdaderas culpas de esta crisis a los boyardos, puesto que la política sucesoria de los alemanes sólo era posible si éstos podían asegurarse la adhesión de algún grupo de boyardos. El príncipe pensó en acabar para siempre con el problema.

«Los métodos crueles pueden considerarse bien empleados —si se nos permite llamar bueno a algo malo— únicamente si se los aplica un sola vez y para estar más seguros; luego, hay que dejar de recurrir a ellos, en todo caso para mayor provecho de los súbditos. Mal utilizados, los métodos crueles, que, al comienzo, son pocas veces empleados, terminan con el tiempo por serlo con frecuencia. Aquellos que utilicen esos métodos pueden, con la ayuda de Dios y de los hombres, conseguir con toda seguridad afianzar su dominio... Los que no lo hagan difícilmente podrán mantenerse en el poder.» [2]

(Nicolás Maquiavelo, 1513)

A comienzos del año 1459, Vlad Tepes reemprendió su política comercial proteccionista. La espina clavada en la carne de las ciudades sajonas, el derecho de emporio, se decretó por segunda vez. A a los comerciantes valacos se les conminó a que boicotearan a Transilvania hasta nueva orden.

Kronstadt no tardó en adoptar medidas de represalia. Dan, quien había sido expulsado, volvió y fue generosamente provisto de armas y dinero. Entretanto, llegaban malas noticias. Vlad Tepes había capturado una caravana de comerciantes de Kronstadt que no habían realizado su comercio en los mercados admitidos; sus mercancías fueron confiscadas, y todos los comerciantes, unos seiscientos, sufrieron el empalamiento. La mercancía requisada a los comerciantes transilvanos fue amontonada en un depósito y éste incendiado. «No quiero que consigan clientes, ni que pisen mi tierra»,[3] comentó el príncipe al maestro cantor Michel Beheim durante la quema.

En Kronstadt era difícil reclutar a aliados contrarios a Vlad Tepes. Matías Corvinus no estaba dispuesto a intervenir, pues ya tenía bastantes problemas con Hungría, donde una facción de nobles había elegido precisamente a Federico III para oponerse al rey. Dan, el otro candidato, obtuvo su único triunfo y realizó verdaderos esfuerzos para justificar, con diligentes cuidados, la confianza depositada en él.

Llegó la Pascua. En aquellos días, los pecadores arrepentidos volvían a ser admitidos en el seno de la Iglesia. Vlad Tepes no quería pasar aquellas fiestas solo. Invitó, pues, a

119

la asamblea de boyardos o, como lo expresó un historiador griego, «a todos aquellos que hasta aquel momento habían tenido cierta influencia en la elección de príncipes».[4] Como correspondía, se sirvió un exquisito banquete. En el momento cumbre de la fiesta, el voivoda organizó un juego de adivinanzas, en el que les preguntó a los boyardos a cuántos príncipes podían recordar. Los más viejos citaron a treinta, otros recordaban a más de veinte, e incluso los más jóvenes podían nombrar a ocho. La siguiente pregunta planteada por Vlad Tepes —si no les parecía que eran demasiados príncipes— la respondió él mismo: «Es por culpa de vuestra infamia, que lo contamina todo».[5] Se suspendió el festín, la guardia personal del príncipe ocupó el lugar y los 500 boyardos reunidos fueron empalados (primera versión); o sólo fueron empalados los ancianos y sus mujeres, mientras los jóvenes fueron condenados a trabajos forzados hasta que sus costosos trajes de Pascua cayeran en harapos (segunda versión).

Se confiscaron los territorios de los boyardos ejecutados y, conforme al principio territorial relacionado con el servicio militar, fueron concedidos a pequeños nobles y campesinos libres. El asesinato de los boyardos provocó un golpe de Estado y supuso la total reestructuración de la asamblea boyarda. Prevalecieron los nuevos nobles, y la asamblea de boyardos perdió influencia en el Gobierno y degeneró en un mero órgano de aclamación.

No todos los boyardos habían acudido a Tirgoviste. Precisamente uno, que hubiera debido hacerlo, fue lo suficientemente astuto como para evitar la sangrienta fiesta de Pascua. Albu, quien llevaba el apodo de «el Grande» por haber ocupado altos cargos con diferentes voivodas y por disponer de un vasto territorio, decidió que había llegado la hora y reunió tropas. Vlad Tepes lo derrotó sin esfuerzo: Albu y su familia fueron ejecutados.

No puede decirse que el curso de estos acontecimientos favoreciese los planes de Dan. Así lo consideraron también

Vlad Tepes almuerza rodeado de empalados

los habitantes de Kronstadt, quienes enviaron una comitiva a Valaquia con el fin de tramitar una paz moderada, aparentemente sobre la base del contrato de Schässburg. Vlad Tepes deseaba mejores condiciones. Los cincuenta y cinco enviados fueron muy bien recibidos. Sin embargo; fueron presa del terror cuando, a la mañana siguiente, vieron cincuenta y cinco palos frente al palacio donde los habían alojado. El voivoda se disculpó. Por motivo harto comprensible, los enviados no se atrevieron a ejercer presión alguna sobre las negociaciones, pero tampoco claudicaron: simplemente se marcharon. Una noche, Vlad Tepes desapareció para reaparecer en Burzenland (Tara-Birsei), en los alrededores de Kronstadt.

Es war sein Lust und gab ihm Mut,
wenn er sah fliessen Menschen Blut.

[Le daba coraje, y era su placer
cuando veía sangre humana correr.][6]

Llamar campaña militar a lo que sigue sería comprender erróneamente el propósito del príncipe. Se trató más bien de una acción de exterminio, destinada a dejar claro ante el gobernador de Kronstadt que las decisiones del príncipe debían ser respetadas. Sus tropas quemaron aldeas, ciudades y campos; lo destruyó todo. Vlad Tepes invadió suburbios de Kronstadt que no estaban especialmente protegidos, en los que vivían pobres, emigrantes, judíos y gitanos. Hizo empalar a los prisioneros, hombres, mujeres y niños, junto a la capilla de San Jacobo, frente a la ciudad, para que desde los muros quedaran bien a la vista de todos. Por si fuera poco, desayunó entre los empalados. Luego, envió a uno de sus comandantes a atacar Zeiden (Codlea), pequeña villa al noroeste de Kronstadt. Los habitantes se defendieron valientemente, y los valacos regresaron sin haber conseguido su propósito. Las razones que esgrimió el comandante no convencieron a Vlad Tepes, quien lo mandó empalar. Así terminó la guerra económica, ya que no podía asaltar Kronstadt porque estaba altamente fortificado. Vlad Tepes regresó a Valaquia.

Había mucho que hacer allí. Políticamente, creía su deber imponer la calma y el orden en el interior para actuar con autonomía en el exterior. La nueva definición de la función del príncipe, la pretensión de concentrar en él toda fuente de derecho y la censura de toda crítica de sus súbditos constituían la base teórica de sus medidas realmente «drásticas». Ya no se hablaba de una relación de vasallos sostenida por la mutua confianza: Vlad Tepes exigía el total sometimiento. Quería gobernar como el primero de entre todos —*primus super omnes*—; se opuso violentamente a la antigua doctrina según la cual, al menos en teoría, todos los nobles eran iguales al príncipe, a quien se consideraba como al primero entre iguales —*primus inter pares*.

Estableció una ley por la que todos los habitantes del principado debían someterse por igual al trono, que, por otra parte, nadie podía reclamar en nombre de ningún derecho. Sus condenas eran iguales para todos, sin distinción de raza, religión, clase social o casta. Había que poner término a las eternas intervenciones extranjeras y acabar con las disputas de los nobles. Vlad Tepes conformó un Estado fuerte en torno a su persona: «utilidad» era su palabra mágica.

¿De qué le servían, a él y al país, los pordioseros, los cojos y los leprosos? La cuestión nunca se planteó abiertamente en estos términos. Cristo había pasado su vida en la pobreza y celebrado la carencia de bienes: «Es más fácil que un camello pase por el ojo de una aguja, que un rico entre en el reino de los cielos» (Mateo 19, 24). Los mendigos y los enfermos desempeñaban una función en el orden divino, la de recordar a los pudientes sus deberes de conciencia. La limosna que daba el rico se contaba entre las buenas acciones mediante las cuales se obtenía un lugar en el cielo. «En verdad os digo: lo que hagáis a mis hermanos más humildes me lo habréis hecho a mí» (Mateo 25, 40).

Vlad Tepes concibió otro principio muy moderno. Según él, los mendigos eran una carga para el país. No producían nada y vivían de los bienes de los industriosos. Nuevamente convocó un festín. Preguntó a los presentes si no querían verse libres de preocupaciones y privaciones. Los mendigos asintieron, y él mandó prender fuego a la sala; nadie escapó con vida. A sus horrorizados vasallos les explicó que él no quería a pobres en su principado. Eliminemos la pobreza eliminando a los pobres.

El siguiente grupo improductivo al que dedicó su atención fue el de los gitanos.

«Había en sus territorios cerca de trescientos gitanos. Tomó a tres de los mejores, los mandó asar para que los demás los devoraran y les incitó a comerse los unos a los otros, de lo contrario serían enviados a luchar contra los turcos.»[7]

Como bien puede imaginarse, los gitanos prefirieron alistarse, y Vlad Tepes puso generosamente armas y armaduras a su disposición.

Los gitanos se vieron igualmente sorprendidos cuando el voivoda decidió reducir, con su habitual drasticidad, las pérdidas por robo que sufría la economía del país. Un gitano que había robado fue condenado a la vergonzosa muerte de la horca, castigo al que, en aquella época, se recurría en casos de «grandes latrocinios». Los gitanos rogaron a Vlad Tepes que suavizara los castigos y, en una carta dirigida a Su Majestad el emperador Segismundo, apelaron a él para que suprimiera el castigo de la horca. No hicieron sino provocar al príncipe, al cuestionar su soberanía y amenazarlo con una instancia superior.

«¡Oíd, pues, lo que el *Trakle* hacía!
Era hombre de pocas palabras,
pocas veces se le oía.
Hizo cocinar a este gitano
en una olla,
llamó a los demás gitanos
y les ordenó a todos
que lo devorasen,
no sólo la carne, sino también los huesos.»[8]

Semejantes medidas redujeron el número de robos. Como prueba evidente de que ya no se robaba en el principado, se había dispuesto un jarro de oro en el borde de la fuente pública de Tirgoviste. Quien lo robara se arriesgaba a ser empalado. Pero nadie podía asegurar que los «culpables», de haberlos, lo fueran realmente. El siguiente episodio no es muy apropiado para despejar sospechas al respecto:

«Durante el gobierno de Vlad Tepes, visitó el país un importante comerciante florentino que llevaba consigo una gran cantidad de mercancías y una considerable suma de dinero. Cuando llegó a Tirgoviste, el comerciante marchó directamente al palacio del príncipe con el fin de solicitar a Vlad Tepes protección para sus pertenencias. Vlad Tepes le sugirió sencillamente que lo dejara todo, mercancías y dinero, en la plaza del mercado y puso a su disposición un cuarto en el palacio para pasar la noche. Al poco entusiasmado florentino no le quedó más remedio que obedecer. A la mañana siguiente habían desaparecido ciento sesenta ducados.

»Vlad Tepes le consoló, asegurándole que se hallaría el dinero. Le indicó a su tesorero que entregara al comerciante la misma cantidad robada, más un ducado. Luego ordenó al alcalde de Tirgoviste que buscara de inmediato al ladrón. En caso de que no fuera hallado, haría destruir la ciudad.

»Entretanto, el comerciante volvió a sus mercancías y contó el dinero. Lo hizo una y otra vez; y siempre obtenía el mismo resultado: había un ducado de más. Volvió a ver a Vlad Tepes y le dijo: "Príncipe, me habéis devuelto absolutamente todo mi dinero, pero hay un ducado de más. Aquí lo tenéis". En el mismo momento, irrumpió el ladrón en el palacio. Vlad Tepes replicó: "Ve en paz, comerciante, y quédate con el ducado de más. Si no me lo hubieras devuelto, te habría hecho empalar como a este ladrón"».[9]

Debía imperar el orden por encima de todo, incluso en la vida sexual. Vlad Tepes cometió en este terreno las peores crueldades, al pretender convertir en norma su moral puritana. Las mujeres que buscaban placer sexual fuera del matrimonio eran condenadas a muerte, al igual que las viudas «impúdicas» o las doncellas que no conservaban su virginidad. Los castigos correspondientes eran draconianos; consistían generalmente en la mutilación de órganos sexuales. Podemos aportar dos ejemplos.

La favorita de Vlad Tepes le había comunicado que se hallaba encinta, de modo que la sometió a una revisión. Cuando la comadrona opinó que no había tal embarazo, Vlad Tepes castigó el engaño de un modo brutal: «Rajó a su favorita de la pelvis a los pechos, gritando que deseaba ver dónde estaba el fruto de sus entrañas y que quería enseñar al mundo el lugar de su origen».[10]

Una campesina le había confeccionado a su marido una camisa demasiado corta, que le dejaba algo del cuerpo al aire al trabajar. Vlad Tepes lo descubrió y la mandó empalar, a pesar de que el marido intervino en favor de su mujer.

Fuera de las actividades prescritas por el matrimonio, la sexualidad era considerada desviación, trasgresión y peligro. Significaba un terreno escurridizo en medio de una estructura social perfectamente controlada. Obstaculizaba el pleno funcionamiento del príncipe y del país. El siguiente suceso es sintomático:

«En 1462, año del Señor, ordenó matar a más de veinticinco mil hombres de todas las poblaciones: cristianos, impíos, etcétera. Entre ellos se hallaban las más hermosas mujeres y doncellas, todas ellas mantenidas por cortesanos. Algunas declararon desear a Vlad Tepes, por lo que éste ordenó que las descuartizaran junto con sus cortesanos».[11]

Aunque esta información no aparezca en ninguna otra fuente histórica, de hecho, ocurría con frecuencia que los nobles reclamaran su parte del botín humano; aun cuando se negaran a casarse con sus concubinas. Vlad Tepes lo considera una obstrucción. En vista de la amenaza turca, la conducta de los nobles significaba falta de disciplina e insubordinación. La campaña que el príncipe había emprendido tenía por objetivo la destrucción, no el saqueo. El que no lo entendiera, el que buscara obtener ventajas personales, sería castigado sin más consideraciones.

Debía imperar el orden también en lo que a la religión se refiere. Vlad Tepes deseaba crearse un apoyo en la Iglesia. Entre los años 1457 y 1460 concede tierras a distintas órdenes, con lo cual refuerza la influencia de la Iglesia Ortodoxa rumana. Donde puede, trata de conquistar entre los religiosos a partidarios de su política. Cuando fallece el padre superior francés del convento cisterciense de Kerz (Cirta), Vlad Tepes nombra sucesor a un rumano de Tirgoviste. La rebelión que suscita esta imposición no resulta tanto de la nacionalidad del nuevo superior como del hecho de que el príncipe se atreviera a despreciar las normas vigentes entre nobles designando para aquel cargo a un «plebeyo», a un burgués en suma, a alguien que provenía de la «hez» de la sociedad.

Vlad Tepes apoya a la Iglesia allí donde le es útil. Cuando le concede las tierras que pertenecían a los boyardos, lo hace porque, a su vez, los conventos le apoyarán con dinero y víveres en caso de guerra. Si fortifica los conventos, crea refugios seguros, no sólo para los monjes, sino también para él y sus hombres. Además, pasa a ser deber de los sacerdotes acatar la autoridad del príncipe y su derecho a dominar mediante la crueldad cuando sea necesario para el bien de los intereses del país. Destacamos algunas anécdotas. Cierto día, el voivoda preguntó a un monje en qué medida era lícito aplicar castigos crueles. El monje expuso la teoría de que el soberano tenía el derecho de hacer empalar a todo aquel que él considerase culpable. Sus acciones no estaban sujetas a la crítica de sus súbditos, de modo que él podía decidir haciéndose único responsable. Vlad Tepes recompensó al monje. Menos afortunado fue el prior de un convento de franciscanos, quien se atrevió a dirigir un sermón al soberano por haber exterminado a una familia de boyardos, sin perdonar siquiera a los recién nacidos. Vlad Tepes le respondió: «Te debo una explicación: no puedes quedarte nunca a medio camino. No basta con podar la mala hierba, debes llegar a la raíz para poder exterminarla. Los niños de hoy son mis enemigos de mañana, y no tardarán en vengar en mí a sus padres». El prior fue empalado. Como su insolencia había sido producto de su cerebro, le atravesaron la cabeza con el palo.

Similar destino sufrió un «hombre piadoso», quien preguntó al voivoda, que se paseaba entre los empalados, cómo podía soportar el hedor. El voivoda agradeció su atención y lo hizo atravesar con un palo muy alto para que el hombre expirara allí donde el aire era más puro. Un predicador, al que le gustaba comentar con ejemplos bíblicos el tema «del bien injusto no prospera», refiriéndose evidentemente a los territorios boyardos expropiados, tampoco escapó al castigo. Vlad Tepes lo invitó a comer —mala señal—, desmigó un poco de pan en la sopa del sacerdote y lo acusó de ser infiel a sus principios: a fin de cuentas se había «apropiado» del pan del voivoda.

Su obsesión contra todo lo improductivo, que en un principio centró en los mendigos, la desplazó también al ámbito de la Iglesia cuando fue necesario. Se compadeció de dos monjes mendigos que le pidieron limosna. «Lleváis una vida miserable», les dijo, a lo que los monjes replicaron que confiaban en ganarse así el cielo. «¿Y estáis seguros de llegar allí?», preguntó Vlad Tepes, y los monjes respondieron que así lo deseaban, pero que dependía de la voluntad de Dios. Naturalmente, el voivoda se brindó a

Muralla de Hermannstadt (Sibiu)

colaborar con la voluntad de Dios y mandó que los empalaran sin demora por parásitos de la comunidad.

La energía del país, que ya no podía «desgastarse» en disputas entre boyardos, ni en crímenes, ni en sexo, que ya no se dispersaba en una minoría ni se desviaba hacia la compasión, se empleó en la construcción de fortalezas. Se diseñaron dos proyectos. Para detener a los turcos en el límite del Danubio, hizo fortificar la insignificante aldea de Bucarest (Bucuresti). La elección del lugar respondía a una consideración estratégica. No sólo pasaba por Bucarest el camino hacia Tirgoviste, Kronstadt y Braila, sino que, en sí, aquella fortificación representaba una amenaza directa para las plazas fuertes turcas en el Danubio, Giurgiu y Tutrakan. El segundo proyecto tenía un carácter privado. En el curso del río Arges, en un valle apartado, Vlad Tepes ordenó la construcción de un refugio que pudiera brindarle protección militar en el caso de una crisis política. No se trataba de una fortaleza muy grande, dado que podía alojar a lo sumo a 300 hombres, pero, en un país donde incluso la capital estaba débilmente reforzada, el castillo de Poenari constituía un excepcional punto de apoyo. Aislado y bien armado, no demasiado alejado de Transilvania, inspiraba a Vlad Tepes la grata sensación de tener un hogar. Había despejado el terreno en su principado, ahora podía dedicar nuevamente su atención a los obstinados comerciantes. Y lo hizo con gran esmero.

La guerra se tomó un respiro. Los contendientes iniciaron nuevos preparativos. En 1458, Esteban asumió el papel del tercero en discordia, al conceder a los habitantes de Kronstadt amplios privilegios comerciales. Se lo agredecieron mediante una mayor actividad comercial y, en lugar de embarcar sus mercancías en los puertos valacos de Braila y Kiliá, lo hicieron en el puerto moldavo de Akkerman.

En la primavera de 1460, los habitantes de Kronstadt volvieron a la carga con su candidato, Dan, quien también contaba con la bendición del rey de Hungría. Dan penetró en Valaquia a la cabeza del ejército transilvano y de los emigrantes valacos. Vlad Tepes tuvo ocasión de poner a prueba su ejército reorganizado, en el que las reservas de viejos boyardos eran ya entonces poco significativas. Dan fue vencido y hecho prisionero. El voivoda le concedió una muerte conforme a su dignidad: lo hizo decapitar. Previamente se celebraron funerales religiosos, durante los cuales Dan cavó su propia tumba.

Vlad Tepes apareció en abril por la región de Kronstadt. Al igual que el año anterior, aldeas incendiadas y empalados sembraron su camino: nadie logró salvarse. Los de Kronstadt comenzaron a claudicar. En cierto modo, Vlad Tepes los había empalado sobre la mesa de negociaciones. En junio, intentó que le devolviesen a los prófugos que habían hallado asilo en Kronstadt. En julio, informó al gobernador de que los preparativos de guerra que llevaba a cabo no estaban destinados a Kronstadt, sino a Fagaras y Amlas, y que nada debía temer. A la vez, esto era una advertencia clara a Hermannstadt para que entregaran a Vlad Calugarul, que residía allí.

Entre julio y agosto se apoderó de ambas ciudades e hizo empalar a toda la población. Esta expedición represiva debió costarles la vida al menos a 20.000 personas. La repoblación de aldeas y villas destruidas tardó varias generaciones y muchas poblaciones permanecieron desiertas durante casi un siglo.

Las ciudades sajonas ya estaban hartas de esta guerra. Además, sus alianzas no funcionaban muy bien. La segunda unión de las naciones estamentales de 1459 se realizó más bien contra los turcos y Matías Corvinus. Resultó poco efectiva en los conflictos con Vlad Tepes. En octubre se firmó un tratado de paz: Kronstadt debía devolver los exiliados valacos a Vlad Tepes; las ciudades sajonas se comprometían —y los szekler se sumaron al acuerdo— a poner 4.000 hombres a disposición del voivoda valaco en caso de guerra contra los turcos, Moldavia u otros enemigos, por su parte, Vlad Tepes se comprometió a aportar igualmente 4.000 soldados si había amenazas contra Transilvania y aprobó un párrafo por el que se obligaba a luchar contra cualquier enemigo que intentara penetrar en Transilvania a través de Valaquia.

El acuerdo pasaba por alto la controvertida cuestión de la política comercial, de modo que se impuso el espíritu del príncipe. El último punto del acuerdo, que suponía una clara afrenta a los turcos y beneficiaba a las ciudades sajonas, no constituyó inconveniente alguno para Vlad Tepes. La relación vasalla entre Turquía y Valaquia había sufrido ya un daño irreparable durante el verano. El contrato de Kronstadt se había planeado con vistas a la guerra con Turquía.

La guerra

La alianza europea - Rechazo del tributo - La batalla ofensiva - ¿Dónde están los refuerzos? - Guerra de guerrillas - El bosque de los empalados - El bello Radu, candidato opositor al trono - Ayuda de Hungría

En agosto de 1458, Enea Silvio Piccolomini fue elegido Papa con el nombre de Pío II. Encaró con gran energía su proyecto favorito, una cruzada paneuropea contra los turcos y, a tal efecto, convocó un consejo en Mantua.

Cuando llegó a esta ciudad, en mayo de 1459, no había acudido allí ningún soberano importante; poco a poco llegaron algunos embajadores, quienes, en su mayoría, se excusaron por no hallarse autorizados para tomar decisiones tan importantes como las que allí se exigían. A pesar de las objeciones, Pío II siguió obstinándose y decidió emprender la cruzada.

Sobre el papel, el plan parecía realmente impresionante. El Imperio alemán tenía que facilitar 42.000 hombres, Hungría 20.000 y el duque de Borgoña 6.000. Venecia

Pío II (izquierda) y el emperador Federico III

participaría con su flota de guerra, y se contaba incluso con aliados tan exóticos como el príncipe de Georgia, que dispondría de 60.000 jinetes, y el príncipe turcomano Usun-Hassan, quien había creado un reino en Persia y se convertía en un peligroso rival de Mehmed II. Para resaltar aún más el carácter extraordinario y la seriedad de la empresa, el emperador y el Papa participarían personalmente en la cruzada.

El habilidoso plan quedó en agua de borrajas y se deshizo en el curso del año 1460. Los soberanos Federico III y Matías Corvinus, elegidos por el Papa paladines de la cristiandad, lucharon precisamente entre sí por la corona de Hungría, y los venecianos declararon que sólo se sumarían a una cruzada si todas las potencias cristianas tomaban parte. La acusación papal de que eran más turcos que cristianos los dejó fríos.

Las tensiones entre los cristianos no mantuvieron quieto a Mehmed. Por primera vez después de su derrota en Belgrado, reapareció en 1459 en Serbia, ocupó Semendria y convirtió el país en una provincia turca. Envió a aquellas tierras a 200.000 colonos, las dividió en feudos y nombró a un gobernador provincial. Para mayor seguridad de la provincia, dedicó mayor atención a las relaciones entre los estados vecinos. El soberano de Bosnia pagó sumisamente el tributo que le había sido impuesto, pero el voivoda de Valaquia, a pesar de su declaración de vasallaje en 1456, no cumplió con su palabra. Mientras Mehmed convertía la región griega conquistada en una provincia turca, envió a Vlad Tepes una misión para recordarle de viva voz sus deberes como príncipe vasallo. Vlad Tepes se sintió lo suficientemente fuerte no sólo para negarse a negociar, sino también para hacerse valer como un príncipe soberano, independiente del sultán:

«Cierto día, mandó llamar a uno de los enviados del sultán. Al llegar ante Vlad Tepes, se inclinó conservando sin embargo el turbante puesto, cual era la costumbre. Vlad Tepes le increpó: "¿Quién te autoriza a comportarte así en presencia de un gran soberano?". El otro respondió: "Señor, ésta es la costumbre entre nosotros. Ni siquiera ante el sultán nos quitamos el turbante". "Quiero entonces confirmarte en tus costumbres", dijo Vlad Tepes y ordenó que le clavaran con pequeños clavos el turbante en la cabeza. Luego lo despidió con estas palabras: "Dile a tu amo que tal vez esté habituado a soportar tales descuidos, pero yo no. Dile que puede fomentar sus costumbres y hábitos en su país, si le place, pero que desista de imponerlos a otros soberanos. Y ahora, ¡vete!"».[12]

Mehmed, por su lado, estableció un antecedente al decapitar en Constantinopla a Michael von Szilàgyi, apresado en noviembre al intentar recuperar Semendria y acusado de violar la paz. Ejecutar sin miramientos al tío del rey húngaro era una clara afrenta que equivalía a una declaración de guerra. Los negociadores de Vlad Tepes no hallaron dificultades en Buda: Matías Corvinus convino una alianza con el príncipe y, reforzando aún más el pacto, prometió entregarle por esposa a una parienta suya.

Tan pronto como el sultán se enteró de este acuerdo, le encomendó a su comandante en la región del Danubio, Hamza, *beg* de Vidin, que normalizara la situación valaca y le envió, como consejero diplomático, a uno de sus secretarios, Jenus Beg, quien, antes de convertirse al islamismo, se llamaba Katabolenos, era griego y considerado un negociador astuto. El propio Mehmed se dirigió hacia el este contra Usun-Hassan, quien desvergonzadamente se había atrevido a exigirle tributo y procuraba sembrar la inquietud en los principados turcos al este de Anatolia.

La prolongada tregua de los cristianos transcurrió sin ser aprovechada. Por cierto, la posición de Matías Corvinus respecto a Federico III había mejorado, pero aún estaba muy lejos de la paz. Pío II tampoco pudo entusiasmar a nadie para una cruzada en 1461. El príncipe albano Castriota se separó de una potencial alianza cristiana y acordó un armisticio con los turcos. Su país estaba en completa penuria a causa de la prolongada guerra. El nuevo rey de Bosnia, Esteban Tomasevic, se dedicó únicamente a pelear contra los bogomilos y, tras cuatro meses de gobierno, se declaró en bancarrota política. En su carta al Papa, le decía:

«Los turcos han construido más fortalezas en mi reino y se muestran muy amistosos con los campesinos. Prometen la libertad a cualquier campesino que se una a ellos. Debido a su reducido entendimiento, no se percatan del engaño y creen que esta libertad será duradera. Puede

135

ocurrir fácilmente que el pueblo, seducido por semejantes mentiras, se rebele contra mí, si no advierte que me respalda Tu poder. Los poderosos, a quienes abandonaron los campesinos, tampoco pudieron sostenerse en sus castillos por mucho tiempo. Si Mehmed tan sólo ambicionara mi reino y no siguiera adelante, podría atribuirse al destino y no tendrías que soliviantar al resto de la cristiandad para defenderme. Pero su insaciable avidez de poder no conoce límites. Después de mí, se apoderará de Hungría y Dalmacia, sometida ahora a los venecianos. A través de Karniola e Istria, irá a Italia, a la que desea sojuzgar. También habla a menudo de Roma, y sueña con instalarse allí».[13]

Otro posible aliado, Esteban de Moldavia, invadió entretanto Transilvania y saqueó el país de los szekler, porque allí había encontrado asilo su enemigo Pedro Aron. De modo que, de hecho, Vlad Tepes sólo podía contar con Matías Corvinus y las ciudades sajonas, como le informó Katabolenos, el enviado de Mehmed, quien ofreció al voivoda el perdón del sultán a cambio de que él accediera a personarse en la corte turca con el tributo pendiente de 10.000 ducados y 500 hombres. Debía además anular su alianza con Hungría y renunciar al proyecto de matrimonio que le uniría a la familia real húngara. Estas exigencias suponían una mayor humillación y una ofensa a la soberanía del principado. Valaquia había podido librarse hasta aquel momento del sistema *dewschirme*. Vlad Tepes se negó rotundamente. Disponía del dinero, pero, al igual que a los jóvenes, no quería enviarlo a la corte del sultán, ni sentía deseos de viajar. Katabolenos no se mostró disgustado, tan sólo rogó humildemente al príncipe que, dado que se había negado a todo, le acompañara al menos hasta la frontera. Vlad Tepes había vivido demasiado tiempo en la corte del sultán como para caer en la trampa. Por ese motivo, organizó a un importante ejército para «acompañar» a Katabolenos.

«Mehmed le había ordenado al *beg* de Vidin, Hamza, que le entregara a Vlad Tepes por la fuerza o la astucia. Hamza lo intentó en complicidad con el secretario griego de Mehmed. Este se hizo acompañar por Vlad durante el viaje de regreso e informó a Hamza de la fecha de la partida y del lugar de encuentro. Se produjo el asalto, y Vlad no sólo se defendió, sino que luchó tan bien que Hamza se vio obligado a huir. Fue atrapado y, al igual que al resto de los prisioneros turcos, le fueron cortados los pies y las manos; fue empalado como todos, con la única diferencia de que a él le correspondió el palo más alto. Este escarmiento sirvió para que su propia gente advirtiera lo que podría sucederle si no se mantenía fiel al soberano.» [14]

No conforme con ello, Vlad Tepes persiguió a las tropas de Hamza tan de cerca que, cuando las puertas de la fortaleza de Giurgiu se abrieron para recibir a los jinetes turcos, no pudieron cerrarse a tiempo. Vlad Tepes mandó incendiar la ciudad.

A finales de 1461, llegó a Andrianópolis, donde se hallaba Mehmed tras una campaña contra Usun-Hassan, la mala noticia de la victoria de Vlad Tepes. El sultán fue presa de un ataque de ira y, con sus propias manos, molió a palos al portador de la noticia. Su rabia aumentó aún más cuando supo de los siguientes éxitos del voivoda valaco.

En invierno, Vlad Tepes había pasado a la ofensiva atravesando la orilla sur del Danubio y atacando las posiciones turcas en un frente amplio. Sus tropas expulsaron a los turcos de casi todas las fortalezas del Danubio. En toda la zona baja del río sólo resistían Nicópolis y Vidin. El voivoda pasó de largo frente a ellas y se internó profundamente en Bulgaria, con el propósito de evitar, mediante batidas de exterminio (la llamada «táctica de la tierra quemada»), la implacable campaña turca de represalia. El 11 de febrero de 1462, le entregó a Matías Corvinus un detallado informe, impresionante sobre todo por su cruel exactitud. Para reforzar la verosimilitud de los detalles, Vlad Tepes añadió al escrito dos sacos llenos de orejas, narices y cabezas.

«He matado a hombres y mujeres, a viejos y jóvenes, desde Oblucitza y Novoselo, donde el Danubio entra en el mar, hasta Samovit y Ghigen. Hemos matado a 23.884 turcos y búlgaros, sin contar aquellos a los que quemamos en sus casas, o cuyas cabezas no fueron cortadas por nuestros soldados. [...] 1.350 en Novoselo, 6.840 en Silistria, 343 en Orsova, 840 en Vectrem, 630 en Tutrakan, 210 en Marotim, 6.414 en Giurgiu, 343 en Turnu, 410 en Sistov, 1.138 en Nicópolis, 1.460 en Rahovo. [...]

»Reunid a vuestros ejércitos, caballería e infantería, venid a nuestro país y luchad a nuestro lado. En caso de que Su Alteza se vea imposibilitada de proporcionar ayuda personalmente, enviad a vuestro ejército a Transilvania [...] y, en caso de que Vuestra Majestad tampoco desee hacer esto, enviad a quien queráis; pero sobre todo influid sobre los transilvanos y los szekler. Y, si Su Alteza está dispuesta a prestar ayuda, entonces no tardéis. [...]

»Terminemos juntos lo que juntos hemos iniciado, y aprovechemos esta situación. Puesto que, si Dios Todopoderoso escucha las oraciones y los ruegos de la cristiandad, si favorece los ruegos de sus piadosos servidores, nos concederá la victoria sobre los infieles, enemigos de la Cruz.» [15]

Los embajadores venecianos en Hungría, el Papa, el rey de Polonia y Esteban de Moldavia recibieron escritos semejantes. En marzo, Matías Corvinus se declaró partidario de prestar ayuda; por lo demás, y en el mejor de los casos, las cartas recogieron declaraciones de simpatía, poco comprometidas. Pero el ataque de Vlad Tepes produjo un verdadero alivio y una alegría en Bosnia y entre los caballeros de Rodas, quienes daban ya por descontada una campaña

Estatua de Matías Corvinus en Klausenburg (Cluj-Napoca)

turca para 1462. Ahora podían estar tranquilos, puesto que el rayo caería en casa del vecino.

De hecho, Mehmed no estaba dispuesto a tolerar semejante provocación. Se jugaba su prestigio. ¿Acaso podía él, el soberano del mundo, presenciar cómo un pequeño príncipe cristiano atacaba una provincia turca, masacraba a sus habitantes y empalaba a sus embajadores? Mehmed se decidió a conducir personalmente la campaña. Con el ejército de 100.000 hombres que consiguió reunir, no sólo calculaba someter definitivamente Valaquia, a la que el sultán convertiría aparentemente en una provincia, sino que, repitiendo la campaña de su padre Murat en 1438, avanzaría hasta Transilvania.

Los turcos se pusieron en marcha en abril. Gran parte del ejército se desplazó hacia el norte, a través de Bulgaria. Otra parte, menor, en la que se hallaba Mehmed, navegó con toda una flota por el Danubio. El antiguo favorito de Mehmed, Radu el Hermoso, lo acompañaba. Radu estaba destinado a ser el nuevo voivoda y llevó consigo a aquellos valacos que, antes del «programa de reformas» de su hermano, habían huido a la corte del sultán. Las tropas turcas se reunieron en Nicópolis hacia el mes de mayo. Esteban el Grande, como vasallo de Turquía que era, acudió al llamamiento.

Desde 1460, a partir del momento en que se había negado a pagar el tributo, Vlad Tepes sabía que se produciría un ataque turco. Su política antiboyarda le facilitó el pago de mercenarios, aunque el rendimiento militar del principado fuera aún evidentemente limitado y jamás pudiera rivalizar con los dispositivos bélicos de Turquía. Por ese motivo, intentó aliarse a Hungría. Matías Corvinus no acudió. El rey estaba muy ocupado en acabar definitivamente con las hostilidades entre él y Federico III y, al mismo tiempo, negociaba con el rey de Bosnia una alianza y la cesión a Hungría de regiones en disputa. En su lugar, ordenó a los transilvanos que apoyasen a Vlad Tepes, pero éstos no lo hicieron. Por lo tanto, el principado se quedó solo ante los turcos. Vlad Tepes había reclutado a más de 20.000 hombres; eran en su mayoría campesinos libres, o nuevos nobles que le debían posesiones y rango. Los miembros que aún sobrevivían de las antiguas familias boyardas se abstuvieron, como era de suponer. La única estrategia de resistencia sensata consistía en impedir el despliegue de las fuerzas del ejército turco e intentar que el coloso tropezara con sus propios pies. Castriota había demostrado durante dieciocho años que esto era posible con tropas disciplinadas.

El propósito del sultán era cruzar el Danubio, y la tarea de Vlad Tepes debía ser precisamente impedírselo. Un jenízaro que participó en la lucha escribió:

«Cuando estábamos a orillas del Danubio, en Nicópolis, y mientras el voivoda Dracul trataba con su ejército de cerrarnos el paso por el río, el sultán dijo a sus jenízaros: "Queridos corderillos, lo que es mío es también vuestro, y en particular mis tesoros. Aconsejadme, qué nos conviene, cómo puedo cruzar a la otra orilla, a pesar de mis enemigos". Ellos le respondieron: "Bien, amado Señor, disponed barcos. Arriesgaremos de noche nuestras vidas para alcanzar el otro lado". Entonces, el sultán ordenó que se prepararan 80 grandes barcos bien provistos y otros aparejos de guerra, fusiles, obuses, cañones y bombardas. Al anochecer, embarcamos y nos dejamos arrastrar rápidamente río abajo para que no se oyeran ni el chapotear de los remos ni las voces humanas. Alcanzamos la otra orilla unos 100 pasos más abajo del lugar donde se hallaba el ejército enemigo. Allí nos atrincheramos, nos rodeamos de escudos y plantamos lanzas en torno para que la caballería no pudiera alcanzarnos. Luego, regresaron los barcos y cruzaron al resto de los jenízaros.

»Nos pusimos en posición de combate y avanzamos lentamente con escudos, lanzas y cañones apuntando al ejército enemigo. Cuando estuvimos a escasa distancia, nos detuvimos y preparamos la artillería. Pero, a esas alturas, habían muerto ya 250 jenízaros bajo el fuego de los cañones enemigos. El sultán, quien desde la otra orilla seguía el desarrollo del avance, se lamentaba de no poder acudir con su ejército a prestar ayuda, y le invadió el temor de que pudieran acabar con todos sus jenízaros. Cuando nos dimos cuenta de que caíamos como moscas, nos aprestamos a disparar y, como disponíamos de 120 obuses, abrimos fuego varias veces consiguiendo desplazar a todo el ejército enemigo. Luego nos protegimos mejor y con más cuidado. El sultán envió un segundo contingente de infantería —llamado *asabe*— que debía cruzar hasta nosotros lo más rápidamente posible. Cuando Dracul vio que de ningún modo podía impedir el paso, se retiró».[16]

*In nuce,** hallamos reunidos aquí todos los elementos que hacían posible la superioridad turca: la flota facilita el paso de un río, la tropa de jenízaros enseguida se afianza provisionalmente en vanguardia, respaldada por la artillería. El experimentado Vlad Tepes, quien conoce bien el estilo de lucha turca, no ataca el campamento. Espera a que los jenízaros, menospreciando con toda evidencia a sus enemigos, inicien la ofensiva e instalen sus cañones. Así, consigue un éxito inicial. Pero, cuando advierte que la fuerza superior de los jenízaros desmoraliza a sus propias tropas y que no puede impedir la llegada de los refuerzos, se retira. No quiere enfrentarse al sultán, no desea arriesgarse a una derrota que sería la última, puesto que no dispone de reservas, sino procura más bien mantener intacto su pequeño ejército. La batalla tuvo lugar el 4 de junio.

El voivoda desaparece con sus tropas en los inaccesibles robledales de la planicie danubia. El avance turco atraviesa tan sólo regiones despobladas. Por indicación de Vlad Tepes, la población se había refugiado en bosques y montañas, y

* En latín en el original. *(N. del T.)*

142

había llevado consigo víveres y ganado. Lo que quedó atrás fue incendiado, los pozos de agua fueron inutilizados y destruidas las casas. El verano era caluroso. El ejército turco avanzaba en «filas apretadas», esto es, en permanente formación de combate. Eran sorprendidos en la retaguardia por continuos ataques. Pequeños contingentes, que partían en busca de provisiones, eran apresados y muertos por los ubicuos guerreros del voivoda.

«Nueve kilómetros de camino sin una gota de agua; hacía tanto calor que la tierra quemaba como el fuego, y el metal parecía fundirse como la cera, y el corazón del guerrero ardía de calor y sed.»[17]

Una noche, Vlad Tepes ataca por sorpresa. Se dice que él en persona había espiado el campamento turco, lo cual no es desacertado, puesto que nadie pone en duda su crueldad y valentía. En general, parece ser que el voivoda no escatima riesgos y que es bastante hábil en el manejo del arco y la espada.

Ataca el campamento turco con 7.000 hombres y aniquila a las tropas anatolias con el propósito de abrirse paso hasta la tienda del sultán. Pero, en la oscuridad, no logra su objetivo y llega por error a la tienda del gran visir. Los turcos organizan con esfuerzo la defensa. Cuando, al amanecer, cesa la lucha, los turcos han sufrido graves pérdidas. Los valacos salen relativamente indemnes. Los *akindschis,* que parten en su persecución, asestan golpes en el vacío.

«Calcocondilo narra en esta ocasión un ejemplo de cuán profundamente había calado el régimen de terror implantado por Vlad Tepes. Cuando, una noche, trajeron a un prisionero valaco, el sultán mandó que le interrogaran. A las preguntas habituales, nombre, lugar de nacimiento, etcétera, respondió obedientemente. Pero a las demás, sobre las fuerzas, la situación, etcétera, no respondió nada a pesar de las amenazas de muerte: de hecho, temía menos a la muerte que al príncipe Vlad. Mehmed lo hizo ejecutar, pero, conforme a los principios despótico-orientales, exclamó que un hombre como Vlad, que había sabido despertar tanto temor entre sus súbditos, haría maravillas a la cabeza de un gran ejército.»[18]

Según el principio *Oderint dum metuant* («pueden odiarme si me temen»), la frase favorita de Calígula, cuando hay que reforzar el espíritu de lucha, también sirve el siguiente método, que Vlad Tepes solía emplear tras la batalla: recompensaba a los heridos que presentaban heridas por delante; los ignominiosamente heridos por la espalda eran empalados al instante. El procedimiento afianzaba la disciplina, pero no favorecía la popularidad del príncipe.

Mehmed, a quien cada vez le convenía menos esta guerra, se dirigió a Tirgoviste. Tomó muy en serio a su enemigo. El campamento fue esta vez reforzado, y la marcha se llevó a cabo con grandes medidas de precaución. Poco antes de que Mehmed alcanzara la capital del principado, pasó por el «bosque de empalados». Los enemigos del príncipe que habían sido ejecutados —turcos, búlgaros, alemanes, húngaros y boyardos— permanecían expuestos con el fin de aterrorizar a los eventuales oponentes.

«Ante la residencia, sobre un extenso llano de 17 estadios [medida de longitud griega, equivalente a 176,6 metros, *(observación del autor)*] de largo y siete de ancho, tropezó con el cadáver de Hamza, y luego con un bosque de palos en los que estaban empalados 20.000 hombres. Entre estas víctimas del despotismo se hallaban lactantes que habían sido arrebatados del pecho de sus madres y en cuyos vientres anidaban los pájaros. La visión despertó horror y consternación, incluso entre los salvajes turcos. Mehmed expresó, por una parte, que un hombre que había sido tan cruel con sus súbditos, sin que éstos le abandonasen, debía de conocer muy bien el arte oriental de dominar mediante el terror, y no sería fácilmente reemplazado en el trono; por otra parte, y en honor a su corazón no completamente pervertido, declaró que no podía apreciar a hombre tan terrorífico.»[19]

Su entrada en Tirgoviste no supuso triunfo alguno. La ciudad estaba desierta, las puertas abiertas, y la población había huido. La máquina de guerra turca golpeaba en el vacío. No había ningún enemigo al que apuntar con los cañones, nadie que se enfrentara a los jenízaros; no había ni ciudades ni fortalezas que protegieran los territorios y el problema de la alimentación se hizo cada vez más apremiante.

En situación tan confusa, intervino Esteban. La verdad es que a él le importaba muy poco la gloria de pasar a la historia como alguien que había hecho frente a los turcos, al lado de los rumanos de Valaquia. Sus preocupaciones no eran idealistas, sino meramente prácticas. No confiaba en que Vlad Tepes derrotara al ejército turco; ¿qué era lo más indicado para aprovechar el activo de la quiebra y ocupar la estratégica ciudad de Kiliá? Esto redundaba también en el interés del propio principado. Si Vlad Tepes era vencido, Moldavia pasaría a ser el primer y más inmediato eslabón de la expansión turca. Había que tomar medidas.

Vlad Tepes se hallaba bajo una creciente presión. Los transilvanos no acudían, y mucho menos los húngaros; y ahora, para colmo, tenía a Esteban pisándole los talones y a su hermano Radu reclutando a prosélitos en su territorio. Vlad Tepes dividió a sus tropas. Con 10.000 hombres se lanzó contra Esteban, llegó a Kiliá justo a tiempo y puso en fuga al voivoda moldavo. Vlad Tepes había recomendado al resto de su ejército, que operaba contra los turcos, que siguiera con la táctica de guerrilla empleada hasta aquel momento y que en ningún caso se expusiese a un enfrentamiento directo. Aquel buen consejo no fue del todo acatado. Mehmed consiguió embarcar a los valacos en una gran batalla, en la que capturó a 2.000 hombres; todos fueron decapitados. En esta guerra, ninguna de las partes se anduvo con contemplaciones.

Esa pequeña victoria dio un respiro a Mehmed. Disminuyeron las actividades guerrilleras. Los *akindschis* erraron por el país y recogieron el botín. Luego, Mehmed puso fin a la campaña. Su prudente retirada demuestra cuán inseguro se sentía. Su mejor comandante guió la retirada. El 11 de julio Mehmed estaba de vuelta en Andrianópolis.

Radu representaría los intereses turcos y los suyos propios, y, para ello, el sultán le dejó tropas suficientes como para sostenerse con autonomía. Los boyardos, enemigos de Vlad Tepes, se acercaron a él. El país en su conjunto estaba agotado, devastado por Vlad y los turcos. Radu garantizaba cierta armonía con el sultán, lo cual era decisivo; en aquel momento, aquello parecía más atractivo que la política de *law and order* de su hermano. Radu fue proclamado nuevo voivoda en agosto. Vlad Tepes todavía se mantenía con el resto de su ejército. Confiaba impaciente en el rey de Hungría, que ya se había puesto en marcha con su ejército. A mediados de septiembre, Matías Corvinus llegó a la ciudad de Turda y, en los primeros días de noviembre, por fin, a Kronstadt. Vlad Tepes se puso inmediatamente a sus órdenes.

¿Quién había ganado la guerra? Mehmed podía afirmar que él no había perdido, puesto que Radu, su aliado, estaba a punto de ser reconocido como el nuevo voivoda. Pero, haciendo un balance general, el resultado de la campaña no debió de satisfacerle. Valaquia conservaba su *status* autónomo, no había podido invadir Transilvania y menos aún Hungría. Un par de fortalezas y algo de ganado eran los únicos resultados palpables, y eso a costa de importantes pérdidas en el ejército turco.

Sin duda, el perdedor había sido el voivoda valaco. Su concepto de política exterior había fracasado. Se edificaba sobre alianzas que, a fin de cuentas, no se realizaron. Su tenaz resistencia, y la táctica de guerrilla que consistía en acosar duramente a los turcos, le hubieran permitido tal vez cierta influencia política, si el ataque de Esteban no le hubiera obligado a dividir sus fuerzas. Contribuyó igualmente el que el ejército turco estuviera debilitado, pero no derrotado. La amenaza de otra campaña al año siguiente, de la que Radu se pavoneaba, era muy real y elevó considerablemente el número de sus seguidores. Pero el factor decisivo radicaba en el hecho de que, para imponer sus objetivos de política interna y exterior, Vlad Tepes había recurrido de tal manera al terror político que, en última instancia, se aisló precisamente de aquellos a los que hubiera necesitado como base de su poder. El número de sus víctimas asciende de 40.000 a 100.000 personas.

Matías Corvinus fue quien, de hecho, aprovechó el resultado incierto de la guerra. Su abstencionismo demostró ser la mejor política. Esteban, quien desde 1458 había sometido su principado al rey polaco, enojando a los húngaros por ese motivo y por su ataque a Transilvania, aparecía entonces como amigo de los turcos y como un general sin éxito. Se había eliminado también el peligro de que un principado valaco demasiado fuerte pudiera significar una amenaza para la Transilvania húngara.

Pero, en 1462, Europa reconocía que, con esta campaña, había fracasado el segundo intento de Mehmed por derrotar para siempre al reino húngaro. Vlad Tepes no dudaba de que sus parientes reales lo honrarían por esta hazaña, perfectamente comparable al levantamiento del sitio de Belgrado.

Digresión: la crueldad en el último período de la Edad Media

¿Era Vlad Tepes un psicópata sádico? - Malas costumbres en la guerra - Disposiciones legales vigentes - La Inquisición - Judíos y gitanos - Gilles de Rais

Tanto en la tradición alemana sobre el conde Drácula, como en la rusa y la rumana, se encuentran pruebas de que Vlad Tepes practicaba la crueldad por placer. No obstante, se advierten diferencias esenciales. Los manuscritos alemanes (desde 1462), el poema de Beheim (1463, *véase* pág. 124) y los sucesivos folletines (a partir de 1476) consideran que sus orgías de muerte eran innecesarias y arbitrarias, mientras que en los manuscritos rusos (desde 1482) se señala que Vlad Tepes había sido en verdad cruel e insensible, pero justo. El autor ruso opina que «el soberano debe ser incluso cruel, cuando se trata de erradicar el crimen y el mal de la nación».[1]

Las diferentes interpretaciones se deben a la divergencia de intenciones. El autor alemán, que obtuvo sus informaciones en Transilvania, muestra, ante las tensas relaciones entre Vlad Tepes y las ciudades sajonas, una imagen del príncipe en la que no se comprende el significado de sus sangrientas acciones. Aparecen como arbitrarias, carentes de legitimación y debidas exclusivamente a la naturaleza maligna de su carácter. Esto responde a la detallada descripción de las distintas formas de ejecución y tortura empleadas por Vlad Tepes y, por supuesto, de su método preferido, el empalamiento: decapitar, mutilar narices, orejas, órganos sexuales y labios, cegar, estrangular, ahorcar, quemar, hervir, despellejar, asar, desmembrar, clavar, enterrar vivo, apuñalar, arrojar a las fieras, dejar caer a las víctimas sobre palos puntiagudos, obligarlas a comer carne humana, someterlas al tormento de la rueda, marcarlas al hierro candente, untar las plantas de los pies con sal o miel y darlas a lamer a los animales. No se sabe si el minucioso recuento de esas atrocidades, que no sufren merma en el poema de Beheim, se debía a que las ciudades sajonas tenían gran interés en difundir una imagen absolutamente negativa de Vlad Tepes, o bien a que el gusto truculento del lector de la época lo exigía.

¿Sería, por lo tanto, Vlad Tepes «víctima de los colonos alemanes»,[2] moralmente asesinado por una prensa malintencionada, que no veía en él ni la menor señal de bondad? Un biógrafo rumano del príncipe formulaba:

«En lo que hace a la crueldad del príncipe, ésta sólo puede comprenderse en el contexto de su época y en función de los objetivos de su política. Los soberanos de entonces, desde Luis XI, rey de Francia, hasta Mehmed II, el gran sultán turco, también recurrieron a la crueldad como armas contra sus enemigos. Vlad Tepes no ha hecho sino aplicar los métodos de su tiempo, y de ningún modo supera en crueldad a sus contemporáneos».[3]

Los métodos de la época eran efectivamente crueles, y los que los utilizaban tenían poca consideración por la vida humana. Pueden descubrirse, sin mayor dificultad, rasgos análogos en Luis XI, nacido en 1423, rey de Francia entre 1461 y 1483. Para este rey «astuto, diligente y justo», todo método era válido para quebrar la resistencia de la alta aristocracia allí donde se ponían en juego los fundamentos del poder centralizado. Se decía que había acelerado la muerte de su padre y envenenado a su hermano. En cuanto llegó al poder, arremetió con rigor contra todo aquel que no aceptara el nuevo orden establecido por él. Así, hizo cegar a un consejero rociándole los ojos con agua hirviendo y, como el procedimiento fracasó, mandó completar el «trabajo» con dos tiros de arco. Encerró durante once años al cardenal

Jean Balue, acusado de alta traición, en una jaula que éste mismo había diseñado, pero de ningún modo para su propio uso. Philippe de Commynes, el consejero de Luis XI, describe la construcción de estas jaulas en sus memorias:

«Es verdad que el rey, nuestro señor, había hecho construir horribles prisiones, jaulas de hierro y madera, revestidas con placas de metal por dentro y por fuera, con espantosos cerrojos, de ocho pies de ancho, y un pie más alto que la estatura de un hombre».[4]

Durante su campaña por Grecia, en 1460, Mehmed II hizo degollar a los 300 miembros de la guarnición de un castillo y despedazar a los capitanes por haber ofrecido una resistencia, según él, insolente. A los pobladores de la ciudad de Gardiki les aseguró la libre retirada, pero no cumplió con su palabra. Los 6.000 habitantes fueron concentrados, encadenados de pies y manos y torturados hasta morir. Horrorizadas por el ejemplo, la mayoría de las ciudades se sometieron a partir de entonces sin presentar batalla. El sultán afianzó así su política. En 1464, y como contrapartida de la crueldad de Vlad Tepes, dio orden de empalar a toda la población masculina de dos fortalezas albanas conquistadas.

En un festín tras la conquista de Constantinopla, llegó a sus oídos el comentario de que el hijo de Lukas Notaras, de catorce años, era célebre por su belleza. El sultán, que estaba ya muy ebrio, ordenó a un eunuco que lo trajese a su presencia. Notaras se negó.

«"Mi hijo", dijo al eunuco enviado, "jamás servirá a los vergonzosos placeres de tu amo. ¡Prefiero morir con los míos, antes de que mi familia soporte semejante afrenta!"»[5]

Mehmed los hizo decapitar a los dos. Y, siguiendo con la enumeración, cabe mencionar una anécdota similar a la ejecución, ordenada por Vlad Tepes, de los capitanes que no pudieron conquistar Zeiden. En 1476, Mehmed mandó ahogar a 200 jenízaros porque no habían sabido defender la fortaleza de Schabatz que les había sido confiada.

Al referirse al estilo y a la manera de hacer la guerra en el siglo xv, Georges Bataille habló de «carnicería cotidiana» y citó a Juvenel des Ursins, arzobispo de Reims, como comentarista de la época:

«[...] cuando los soldados buscaban las provisiones que necesitaban en una aldea, se apoderaban de los hombres, mujeres y niños pequeños sin hacer distinciones de edad o sexo; abusaban de las mujeres y doncellas; mataban a padres y maridos en presencia de sus hijas y esposas; confiscaban los víveres y dejaban morir de hambre a los niños pequeños; encadenaban a las mujeres embarazadas, quienes parían entre cadenas, y dejaban morir a los recién nacidos sin bautizarles; luego, arrojaban al río a madre e hijo; cogían a sacerdotes, monjes, clérigos y trabajadores, los encadenaban y los molían a palos. Algunos morían mutilados, otros perdían el juicio. Los encerraban [...] en jaulas [...] en pozos [...] en lugares asquerosos repletos de inmundicia y los dejaban morir de hambre. Muchos murieron así. ¡Sólo Dios sabe cuán crueles podían llegar a ser! Asaban a la víctima, le arrancaban los dientes, la golpeaban con gruesos bastones, nadie se libraba si no entregaba más dinero del que tenía [...]».[6]

Cuando en 1415, en Azincourt, el rey Enrique V de Inglaterra ordena, durante una fase crítica de la batalla, degollar a varios miles de nobles franceses prisioneros, sus soldados protestan porque se les priva del dinero del rescate. Para no suscitar ningún tipo de anglofobia antes de la batalla, los franceses habían amenazado con masacrar a todo el ejército inglés, contrariamente a las reglas de caballería, formado en su mayor parte de campesinos.

Todos los países pueden ofrecer ejemplos semejantes. Cuando, después de la muerte de Matías Corvinus, la nobleza húngara ya no necesitó un ejército permanente, que reclamaba cada vez con mayor insistencia la paga que le correspondía, lo atacó y 6.000 de los 8.000 soldados fueron degollados. Los supervivientes huyeron a Austria, robaron y saquearon hasta que, por fin, fueron acorralados por Federico III. Mil doscientos acabaron en el cadalso. El que Carlos el Temerario, en su campaña contra los suizos, mandara ahogar o ahorcar a toda la guarnición de Berna (1476), o el que los venecianos, en su guerra contra los turcos, pagaran a los francotiradores —llamados *stratioti*— un ducado por cada cabeza enemiga cercenada, no le parecía a sus contemporáneos especialmente cruel.

«La descarga emotiva en la lucha [...] era abierta e ilimitada [...] comparada con la norma de nuestros tiempos. En éstos, la crueldad, el placer de la destrucción, el tormento de los demás y la conservación de la superioridad física, se someten siempre más a un control social arraigado en la organización estatal [...]. La vida en la sociedad medieval tenía una orientación contraria. Aquí el robo, las guerras, la caza de hombres y animales, todo forma parte de las necesidades vitales inmediatas que se revelan en el desarrollo de la sociedad. Por eso, para los poderosos y los fuertes, forma parte también de los placeres de la vida. [...]

»La guerra consiste en ser el más fuerte, en caer sobre el enemigo, destrozar sus viñas, arrancar sus árboles; devastar sus tierras, asaltar sus castillos, infectar el agua de sus pozos, apresar a su gente y matarla. Es un placer especial el mutilar a los prisioneros. [...]

»Con excepción de una pequeña élite, como afirma Luchaire, el historiador de la sociedad francesa del siglo xiii, robar, saquear, asesinar forman parte sin duda de las actividades normales de la sociedad militar de la época, y poco o nada dice en su favor el que las gentes de otros países y en otros tiempos tuvieran otro comportamiento. La crueldad no fue sancionada, ni socialmente proscrita. Complacía mucho el placer de atormentar y matar a otros, y era un placer socialmente admitido. Hasta cierto punto, el desarrollo de la sociedad lo exigía, lo hacía necesario, y parecía conveniente comportarse de ese modo.

»¿Qué hacer, por ejemplo, con los prisioneros? Había poco dinero en aquella sociedad. En caso de prisioneros pudientes, y por lo tanto considerados como semejantes, se mostraban hasta cierto punto moderados. Pero, ¿y los demás? Conservarlos significaba alimentarlos. Devolverlos significaba aumentar el poderío bélico y la riqueza del enemigo. Como los súbditos, la mano de obra, servían, o peleaban, formaban parte de la riqueza de la clase dominante en aquella época. Podían matarlos o devolverlos mutilados, a fin de inutilizarlos para el trabajo o el servicio militar. Lo mismo sucedía con la destrucción de los campos, la inutilización de los pozos de agua y la tala de árboles. En una sociedad predominantemente agraria, en la que la tierra es parte esencial de los bienes inmuebles, también servía para debilitar al enemigo. Hasta cierto punto, la intensa emotividad del comportamiento era socialmente necesaria. Se comportaban de un modo socialmente adecuado y hallaban placer en ello.»[7]

Evidentemente, también se daban contradicciones. El propio Mehmed, quien había tomado como afrenta personal la resistencia de un día sostenida por una ciudad sin importancia y había obrado en consecuencia, rindió honores al comandante de un castillo que había resistido un año dejándole en libertad. Y Matías Corvinus dio a elegir a los 400 jenízaros, que supieron defender valientemente la fortaleza bosnia de Jajce, entre retirarse sin armas o unirse a su ejército.

Con la divulgación de la justicia penal a partir del siglo XIII y la progresiva utilización de la tortura a partir del siglo XIV, la administración jurídica de la Edad Media en sus últimos años creó un código de castigos que, si bien no supera el de los crímenes de Vlad Tepes, al menos sí los relativiza. La pena de muerte y los castigos de mutilación se vuelven habituales. A los ladrones se les cuelga por el cuello, y por los pies a los judíos acusados de algún delito. El asesinato y el latrocinio se castigan con la decapitación, considerada la pena más liviana, y por ello prerrogativa de los nobles. Hacia finales del siglo XIV, se pone en práctica el descuartizamiento como castigo para los traidores. Además de la decapitación y la horca, que eran las penas de muerte más simples, la ejecución más preciada es la que se produce tras el tormento de la rueda. Es el castigo de los asesinos, los ladrones importantes y los incendiarios. Otras variantes de las penas de muerte calificadas son la muerte por anegamiento, especialmente practicada con las mujeres; la hoguera, por actos de hechicería, herejía u homosexualidad; la muerte en agua, vino o aceite hirviendo, destinada especialmente para falsificadores de moneda. Ser enterrado vivo era considerado especialmente cruel y se aplicaba en los mismos casos que el empalamiento. Se colocaba al delincuente en una fosa, se cubría ésta y luego se ensartaba el palo. Poniéndole al condenado una caña en la boca para que respirara, se conseguía prolongar el castigo. El empalamiento se empleaba también en casos descontrolados. Ambas formas de ejecución se aplican en casos de violación y adulterio, pero también en los de asesinato, incesto y homosexualidad. También se consideraban delitos mortales algunos de los que hoy en día nos parecen insignificantes.

«¿Cómo castigar a quien se sorprende dañando un haya? [...] Se le arrancan las tripas, se le ata con ellas y se le obliga a correr alrededor del haya hasta que quede enroscado.»[8]

A quien talaba un roble se le cortaba la cabeza y se la ensartaba en el roble.

Las penas de mutilación se practicaban por delitos menores. La amputación de una mano —la pena de mutilación más corriente— se aplicaba en casos de hurto, perjurio, caza furtiva, etcétera. La amputación del dedo es una forma atenuada de este castigo, y la de pies y manos una pena algo más grave. Por lo general, se cortaba la mano derecha y el pie izquierdo, considerado éste como el más valioso porque con él se pisaba el estribo. Un castigo muy extendido para los perjuros y blasfemos consistía en cortarles o arrancarles la lengua, y está incluso descrito en el artículo 149 del Código vienés:

«[...] se le debe colocar una silla bajo los pies y ensartar la lengua con un gancho; luego, hay que retirar la silla para que la lengua quede colgada del gancho».[9]

El vaciado de los ojos se aplica en distintos delitos, e incluso como sustitución a la pena de muerte. La amputación de orejas es frecuente, pero no de la nariz; tampoco es frecuente el castigo de castración. En Frisia, el sodomita (como se alude en general al homosexual) puede elegir entre ser enterrado vivo, quemado o castrado. En Maguncia, «se debe castrar y vaciar un ojo al judío que cometa obscenidades con una cristiana».[10]

Los castigos afectan preferentemente a las clases bajas. Las penas de mutilación son castigos redimibles, es decir, el reo puede eludirlas mediante el pago de una fianza. Las ejecuciones son hechos cotidianos. Entre los años 1401 y 1560 se ejecutaron en Frankfurt a 317 personas; en Lübeck, se llegó a 411 entre 1371 y 1460 y, en Breslau, a 454 entre 1456 y 1525.

La Inquisición, tribunal espiritual, no se queda atrás respecto del laico. Aún no es la época de las grandes cazas de brujas que, en el centro de Europa, llevaron a 100.000 personas a la hoguera, pero ya se advierten sus señales. A partir de la mitad del siglo xv brujas y hechiceros, que supuestamente preparan ungüentos con grasa de niños cocidos y matan con ellos a seres humanos y que pueden invocar el granizo y la peste, son considerados cada vez más como una amenaza social, por lo que se les considera responsables de todo lo que ocurre y se les castiga. Los primeros hechiceros y brujas condenados a morir en la hoguera fueron los de Hamburgo (1444), Colonia (1456), Constanza (1453), Metz (1456) y Lucerna (1450). Por el contrario, el Código húngaro, se muestra casi liberal al

«[...] estipular que a brujas y hechiceros apresados por primera vez, se les exponga en un día festivo, desde la mañana hasta el mediodía, en la escalera de un lugar céntrico de la ciudad, con un gorro de judío en la cabeza en el que se habrán pintado ángeles. Tendrán que abjurar de sus actos y creencias y sólo entonces serán puestos en libertad».[11]

Los herejes mantuvieron viva la llama de las hogueras. Para perseguirlos se creó la Inquisición, que, en 1232, gracias al papa Gregorio IX, se convirtió en institución eclesiástica. Con los husitas, bogomilos y *fraticelli*, nos encontramos ya ante algunos de los movimientos herejes del siglo XV. Su crítica trastornó seriamente a la Iglesia, por cuanto no se dirigía a la fe en sí, a menudo ni siquiera a la Iglesia como institución, sino contra la jerarquía eclesiástica dominante. Quien no se retractaba de su falsa doctrina —y una retractación considerada fiable suponía traicionar a los demás herejes— acababa en la hoguera. Los herejes más prominentes del siglo XV fueron Jan Hus (quemado en 1415) y Girolamo Savonarola (quemado en 1498). En un espectacular proceso, que tuvo lugar en la ciudad francesa de Arras, numerosos hombres y mujeres acusados de valdenses[12] fueron condenados a morir en la hoguera, muchos de ellos sin juicio previo: bastaba una denuncia.

En la bula papal *Ad exstirpenda*, de 1252, se establecían exhaustivamente los métodos para conseguir una confesión:

«A todos los herejes prisioneros, corruptores y asesinos del alma, ladrones del Santísimo Sacramento, se les debe obligar por la fuerza —pero sin destrozarles los miembros ni poner en peligro sus vidas— a confesar claramente sus culpas y delatar a otros herejes que conozcan, a sus seguidores y protectores, del mismo modo que a los ladrones de cosas mundanas se les obliga a nombrar a sus cómplices y a confesar sus delitos».[13]

La tortura forma parte del procedimiento penal, se trate de un delito espiritual o secular. Escalonada en tres grados —suave, mediana o intensa— ofrecía la garantía de una amplia confesión en casi todos los casos de obstinada negativa. Al igual que el procesado de Arras, quien fue torturado quince veces, las víctimas acostumbraban a preferir la pira antes de seguir soportando la tortura. Los tormentos del agua y de las pulgas, sillas de clavos, potros de tormento y similares se empleaban para extraer la «verdad».

«Lo que nos sorprende en la crueldad de la jurisprudencia de la tardía Edad Media no es su morbosa perversidad, sino el regocijo bestial e indiferenciado, el espectáculo de feria en el que el pueblo convertía aquello. Los habitantes de Mon, por ejemplo, compran a un ladrón por un precio exorbitante sólo por el placer de descuartizarlo, "cosa que place más al pueblo que el hallazgo del cadáver de un santo". [...] El sentimiento de inseguridad, el receloso temor que en toda crisis hace que se implore al poder estatal para que aplique un dominio de terror, eran crónicos en la tardía Edad Media. [...] Las postrimerías de la Edad Media fueron una época sangrienta y confusa, de ignominiosa justicia y de crueldad legal. Ni por un momento puede pensarse que el acusado se ha hecho merecedor del castigo. Se experimenta cierto hastío interior ante el castigo ejemplar instituido por el propio príncipe.»[14]

Tanto el Estado como la Iglesia se esforzaban —el uno con fines de autoridad legal, la otra para imponer la fe— por instaurar y defender sus pretensiones de exclusiva representatividad. Una conducta disidente representaba un peligro y debía ser combatida. No sólo en Valaquia se persiguió a los gitanos. Después de una primera fase de tolerancia, sufrieron persecuciones en Europa Central, compartiendo el destino de los judíos.

Las persecuciones a gran escala de judíos surgieron ya entre los prosélitos de las cruzadas. En el siglo XIV, se les hizo responsables de la peste, se decía que habían envenenado los pozos de agua. Miles de judíos fueron muertos, sus bienes confiscados y sus deudores amnistiados. Pero, a partir del siglo XV, la persecución se hizo más sistemática. La ira del populacho, incontrolada y devastadora, que ponía incluso en peligro la armonía y la paz de una ciudad, ya no fue suficiente; se trataba ahora de planificar la persecución y el castigo de un molesto competidor económico.

Creyeron posible deshacerse de los judíos, quienes habían sido ya apartados del comercio internacional y, en aquella época, se ocupaban sólo de negocios crediticios; pero otros querían ocupar su lugar. Ello derivó en expulsiones no sólo autorizadas, sino planificadas por los magistrados de las ciudades o los terratenientes. La acusación a la que recurrían era, como de costumbre, la de que mancillaban los sagrados sacramentos matando a niños para Pascua. Como prueba colocaban hostias ensangrentadas en el umbral de sus casas. En 1420, se los expulsó de Maguncia y, en 1421, de Austria. Cientos de judíos vieneses, que se negaron a convertirse al cristianismo, fueron quemados. En 1424, se les expulsó de Friburgo; en 1426, de Colonia; en 1439, de Augsburgo, y ya me he referido a la quema de judíos de Breslau, relacionada con Juan Capistrano. Los bienes de los judíos fueron expropiados y pasaron a manos de los terratenientes.

*

Der wutrich und tirann vollbracht
alle die pein die man erdacht.
Dy tirannen alsander
Kainer so vil nie hat getan,
Herodes, Dieoclecian,
Nero und auch all ander.

[El sanguinario tirano llevó a cabo
todas las atrocidades imaginables.
Jamás tirano alguno
ha hecho tanto,
ni Herodes, Diocleciano,
Nerón, ni ningún otro.][15]

Lo que Beheim le reprocha en estos términos a Vlad Tepes es el hecho de que, al parecer, no reconociera ninguna otra ley que la suya propia, ni siquiera divina. Beheim sabe lo que es la guerra, es un hombre muy viajero, sabe cuántos países han sido devastados y atormentados. Pero, ¿sigue siendo guerra lo que el voivoda valaco pone en escena? Lo que sugiere Beheim es que debía mostrarse cierta consideración, practicarse cierta misericordia; dicho sea de paso, por ese motivo fue considerado un mojigato.

El procedimiento penal laico en Europa Central tuvo, al igual que la Inquisición, una base jurídica y moral. La Inquisición, según sus apologistas, fue en verdad creada para el bien del hereje, para la salvación de su alma inmortal, que se halla en peligro de entregarse a Satanás. El tribunal laico se preocupa de establecer la justicia en última instancia por mandato divino. Ambos proceden minuciosamente a partir de códigos y procedimientos judiciales perfectamente estudiados, y en forma «sistemática».

Pero Vlad Tepes sentencia y ejecuta según sus propios impulsos. El hecho de que no se detenga ante el infanticidio ni el exterminio de las familias boyardas, hace que Beheim lo compare con Herodes; y, cuando arremete contra la Iglesia, sin respetar las sacras vestiduras sacerdotales y ordena el inmediato empalamiento, se vuelve, según Beheim, comparable a los emperadores que, en la Roma impía, perseguían a los cristianos.

Impía es también su forma de ejecutar las sentencias de muerte. En Europa Central, al condenado que yacía en una fosa se le atravesaba el cuerpo con un palo, generalmente por el corazón, demostrándose así que el verdugo sentía cierta piedad y conocía su trabajo. Pero el empalamiento que practicaba Vlad Tepes era una variante oriental aún más cruel, que ya los asirios habían aplicado, porque con este tipo de ejecución conseguían un efecto especialmente terrorífico.

«Para llevar a cabo este castigo, se ponía al condenado boca abajo, se le ataban firmemente las manos a la espalda y las piernas de modo que estuviesen bien separadas... Luego, se lubricaba la abertura por donde tenía que penetrar el palo, el verdugo lo cogía con ambas manos y lo empujaba cuanto podía por el ano del condenado. Después, con ayuda de un martillo, lo introducía 50 o 60 centímetros. Entonces, enderezaba el palo y lo clavaba en la tierra. El delincuente era abandonado a sí mismo. No tenía nada a lo que poder aferrarse y, por su propio peso, se deslizaba hacia abajo por el palo hasta que, por fin, éste reaparecía por el hombro, por el pecho, o por el estómago.

»La muerte que ponía fin al espantoso sufrimiento de estos infelices era lenta. Hubo casos de condenados que soportaron vivos esta horrorosa situación hasta tres días. La velocidad de la muerte variaba según los casos y dependía tanto de la constitución de la víctima como de la dirección del palo. Por cierto, en un increíble refinamiento de crueldad, se procuraba que la punta del palo no fuese del todo puntiaguda. Con ello evitaban que el palo agujerease los órganos que encontraba a su paso y se produjera una muerte rápida. El palo no perforaba los órganos, sino que los desplazaba de su posición natural. Así evitaban fuertes hemorragias y postergaban la muerte; entretanto, los dolores producidos por la presión de los nervios eran indescriptibles.»[16]

¿Era Vlad Tepes un psicópata sádico o encarnaba, hasta las últimas y crueles consecuencias, la violenta forma de vida de la Antigüedad?

Florescu y McNally, autores ingleses de una biografía de Drácula, afirman que en la personalidad del príncipe trasluce cierta anormalidad sexual. Expresan la sospecha de una parcial impotencia de Vlad Tepes, quien experimentaría satisfacción sexual al ver mutilar los órganos sexuales de una mujer, o penetrar el palo profundamente en el cuerpo de una víctima.

Pero, a diferencia del tristemente célebre Gilles de Rais (1404-1440), el infanticida y mariscal de Francia que prefería la visión de la sangre y la muerte a cualquier otra cosa y que derramaba la «simiente de vida» (Bataille) sobre sus víctimas, en Vlad Tepes no se encuentran hechos tan inequívocos. Al no disponer de pruebas, toda consideración de esta índole no puede sino ser pura especulación. Además, el hacerlo sólo produce confusión, por cuanto se quita explosividad a la figura de Vlad Tepes con el fin de colgarle la etiqueta de psicópata y arrojarle al desván de los anormales.

Caída y último ascenso (1462-1476/77)

Vlad Tepes, acusado por la facción boyarda y las ciudades sajonas, es detenido por el rey de Hungría - La prisión - Reflexión sobre los períodos transcurridos - El tercer gobierno - El último combate

Antes de que Vlad Tepes fuera recibido por el rey de Hungría, había intervenido ya una comisión de las ciudades sajonas, que presentó una detallada lista de protestas, con la que justificaba, además, su abstención en la guerra contra los turcos. Por eso, cuando, a comienzos de noviembre de 1462, su vasallo valaco entró en Kronstadt con una pequeña comitiva, Matías Corvinus le brindó una fría acogida. Le dio a entender que debía esperar.

Pronto intervinieron otros interlocutores. Una embajada de boyardos valacos informó al rey sobre el estado de su país y apoyaron las acusaciones sajonas con una exhaustiva relación de hechos. Entretanto, Radu el Hermoso reconocía la supremacía húngara y debía hacer, por lo tanto, concesiones a las ciudades sajonas.

No era asunto sencillo para el rey húngaro. Con todo, Vlad Tepes había firmado un pacto con él, y el Papa, quien había entregado a Matías Corvinus una notable cantidad de dinero para la guerra contra los turcos, esperaba algo más que una mera demostración del poder cristiano. Por otra parte, las circunstancias no se mostraban favorables a una continuación de la campaña. El otoño estaba ya muy avanzado, y los países por donde el ejército debería marchar, Valaquia y el norte de Bulgaria, estaban bastante impracticables. ¿Dónde conseguirían provisiones y forraje para los caballos? Por último, había que plantearse el objetivo real de semejante campaña. ¿Acaso podía exigir de los valacos, e indirectamente también de los transilvanos, a un voivoda como Vlad Tepes que a todas luces producía tanto rechazo en su propio país como en el extranjero? De todos modos las ciudades sajonas habían expresado ya su decidido rechazo y, si el rey tenía la amabilidad de tenerlo en cuenta, los gobernadores sabrían valorar su importancia.

Por último, Matías Corvinus tampoco podía olvidar su propia situación: su posición política interna, algo inestable frente a Federico III, quien especulaba con una posible derrota y la consecuente ocasión favorable para quitarle el trono. Además, la postura de Esteban, el príncipe moldavo, era totalmente incierta.

El rey no se apresuró. Pasaron dos semanas, durante las cuales tanteó con sumo cuidado la situación. Entonces, quiso la casualidad que llegaran a su conocimiemto dos cartas que Vlad Tepes había redactado, el 7 de noviembre de 1462, en un lugar llamado Rothel[1] y que estaban dirigidas a Mehmed II y a Esteban de Moldavia. Estas cartas le llenaron de indignación. El voivoda no sólo pretendía incrementar las hostilidades, ofreciendo a Mehmed incluso una alianza y prometiéndole la posesión de Valaquia, Transilvania y la totalidad de Hungría, sino que insinuaba que, bajo ciertas condiciones favorables, podría apoderarse de la persona del rey húngaro.

Esa traición lisa y llana simplificó las cosas. Matías Corvinus capturó al voivoda, que no se hallaba en Kronstadt, sino, sospechosamente, cerca de la frontera, y ordenó que lo trasladaran a Hungría. Las cosas se arreglaron instantáneamente: Radu fue reconocido voivoda de Valaquia, las ciudades sajonas se alegraron, el Papa fue informado de la vergonzosa caída del príncipe y le dejaron alimentar esperanzas acerca de una posible campaña contra los turcos al año siguiente. A mediados de diciembre, el rey estaba de vuelta a Buda.

¿Fueron falsificadas las cartas de Rothel, como opina la historiografía rumana? Si se plantea la cuestión cicerónica del *cui bono*, cabe sospechar de las ciudades sajonas, de Radu

Castillo de Visegrád y, en el borde izquierdo de la figura, la Torre de
Salomón

el Hermoso o del propio Matías Corvinus, ya que todos
ellos se beneficiaron de la intercepción de esas cartas. No
obstante, si se tiene en cuenta la escrupulosidad del príncipe y la profunda decepción que debió de causarle no poder
confiar en sus aliados, las cartas de Rothel pueden interpre-
tarse como una incontrolada reacción a la «traición» de sus
aliados. El, quien había obligado a los turcos a retirarse,
sacrificando así su poder, se vio abandonado y, en consecuencia, engañado por todos. La conducta expectante del
rey bien pudo arrastrarlo a un último gesto desesperado, en
el que se jugó el todo por el todo.

165

Cabe destacar, por cierto, la benevolencia con la que se enfrentó Matías Corvinus a la evidente traición del príncipe, teniendo en cuenta que, en otras ocasiones, no había vacilado en proceder con energía. Su decisión de no decapitarlo —castigo habitual para los traidores—, sino de recluirlo en una prisión, podría ser una prueba de que no había tomado demasiado en serio las cartas de Rothel, o tal vez la expresión de su mala conciencia por no haber cumplido con sus deberes de aliado.

Vlad Tepes fue prisionero del rey de Hungría durante doce largos años (1463-1475). La pregunta de si permaneció arrestado en Buda o en la residencia de verano de Visegrád, a unos cuarenta kilómetros al norte, tiene fácil respuesta: según la época del año, se alojaba en una o en otra. Es poco probable que lo encadenasen de pies y manos y lo recluyeran en una celda individual, el *murus durus,* según la expresión técnica; más bien parece ser que desempeñó en la corte húngara el papel de atracción bárbara: lo exhibían en ciertas ocasiones para suscitar lógicos escalofríos. Florescu y McNally han demostrado que el nombre del voivoda no figuraba en la lista de los presos políticos del reino, que solían recluirse en la Torre de Salomón de Visegrád. Por lo tanto, el arresto fue simplemente domiciliario; estricto al comienzo, luego, tras la conversión de Vlad Tepes al catolicismo romano, fue atenuándose.

Los manuscritos rusos informan que Matías Corvinus consideraba el cambio de confesión como condición indispensable para que se realizara aquel matrimonio previsto en el contrato de alianza de 1461. Una vez que Vlad Tepes se aviniera a ello, se celebraría la boda, y la pareja nupcial ocuparía una casa en Buda, acto que estaba previsto para 1467. Ya sea ésta la versión correcta, o la segunda, según la cual Vlad Tepes se convirtió y se casó en 1473 o 1475, lo cierto es que, en los doce años que el príncipe pasó en Buda o Visegrád, lo degradaron tan sólo a mero observador sin poder ni influencia, pero no lo

Esteban el Grande. Busto de Marius Butunoù (1970)

aislaron del todo del desarrollo político en el centro y sudeste de Europa.

La prisión no parece haber suprimido sus convicciones primeras. De creer en los manuscritos rusos, aquél no fue de ningún modo un período de arrepentimiento o introspección, sino más bien una continuación, a pequeña escala, de su «pedagogía del terror». Se complacía en verse como amo y señor de la vida y la muerte, condenaba y recompensaba a su antojo, sólo que sus «súbditos» eran harto diferentes:

«Se cuenta de él que ni siquiera en prisión se liberó de sus malas inclinaciones. Cazaba ratones y compraba pájaros en el mercado para empalarlos. A algunos les cortaba la cabeza, a otros los adornaba con plumas y les devolvía la libertad. Aprendió a encuadernar libros y, con eso, se procuraba medios de supervivencia».[2]

167

Mientras Vlad Tepes, *nolens volens*, progresaba como encuadernador, Matías Corvinus, Mehmed II y Esteban el Grande consolidaban sus dominios y sus respectivas posiciones en el poder. Cuando el rey húngaro puso fin a las hostilidades con Federico III en la Paz de Viena en 1463, se dedicó a la creación de un ejército permanente y de una tropa de infantería compuesta por 8.000 hombres. Para ello impuso la necesaria reforma fiscal en la Dieta de 1466 y derrotó en Transilvania la revuelta de los nobles de 1467, provocada precisamente por ese motivo, a la que se sumaron las ciudades sajonas. Los cabecillas hechos prisioneros fueron condenados a muerte.

En aquellos tiempos, el príncipe moldavo Esteban gobernaba en cambio con fortuna. Con una mezcla equilibrada de intimidación y generosidad, supo manejar a los grandes boyardos, a tres de los cuales, para establecer un castigo ejemplar, mandó decapitar tras demostrar que habían conspirado con enemigos patrios. Procedió con una precaución mucho mayor que la de Vlad Tepes, esforzándose siempre por aceptar el poderío militar de los boyardos, pero reduciendo su carácter de ejército independiente a las funciones de una nobleza de hidalgos —estricta lealtad a los señores feudales con asistencia puntual a una movilización militar.

Gracias a sus éxitos en política interior, ambos gobernantes adquirieron autoridad en política exterior. En 1465, Esteban ocupó la anhelada Kiliá y, en 1467, apoyó la revuelta de la nobleza transilvana contra su soberano. Aun con fuerzas inferiores, logró vencer en Baia a la expedición represiva húngara que siguió a la revuelta. Al igual que Vlad Tepes lo hiciera con el sultán en 1462, se abalanzó sobre el ejército húngaro en un sorpresivo ataque nocturno. Los húngaros sufrieron graves pérdidas, Matías Corvinus fue herido en la espalda por una flecha (¡!), y el ejército se vio obligado a retirarse a Transilvania sin haber logrado

El convento fortificado de Sucevita

su propósito. Tampoco les fue muy bien a los tártaros. Estos, procedentes del este, invadieron Moldavia en 1469:

«En el mismo año, llegó una horda de tártaros del Volga bajo las órdenes del hijo del *chan* Maniak. Esteban los derrotó en Lipnitz am Dniéstr en tres enfrentamientos. El propio Carzyk cayó prisionero. Cuando Maniak lo reclamó por intermedio de una embajada que pagó una fianza 100 corceles no sin proferir antes amenazas, Esteban mandó matar a sablazos al hijo del *chan* y acribillar de lanzas a los enviados y su comitiva; sólo uno, con la nariz y las orejas cortadas, fue puesto en libertad para que llevara a su amo la noticia».[3]

A partir de 1470, Esteban el Grande obtuvo *de facto* la soberanía de su principado, respaldado por el hecho de que sus potenciales soberanos cristianos, los de Hungría y Polonia, se hallaban en guerra por la posesión de la corona de Bohemia, conflicto que se prolongó con interrupciones hasta 1479.

El que ambos, Esteban y Matías Corvinus, tuviesen tiempo para consolidar su poder en el interior y el que este último pudiera intervenir en la guerra de Bohemia, que le procuraría nada menos que el predominio en Europa centro-oriental, lo debían ante todo a los venecianos y a Usun-Hassan, soberano de Persia. No tanto porque Venecia hubiese estado presionada por el viejo Pío II, quien, una vez más, en 1463, predicó y anunció una cruzada que él conduciría personalmente: los venecianos habían llegado más bien a un punto en el que no podían asistir de brazos cruzados a la expansión del poder turco. En 1463, había caído Bosnia y, con ello, Venecia quedaba al alcance inmediato de los turcos. Cuando, el 28 de julio de 1463, en la ciudad de Laguna, los turcos atacaron sus posesiones en Grecia, los venecianos decidieron por escasa mayoría declarar la guerra al Imperio otomano.

Cuando, en 1475, Matías Corvinus puso en libertad a Vlad Tepes, todavía duraba la guerra entre turcos y venecianos. La cruzada, con la que había soñado Pío II, no se había llevado a cabo. Las potencias europeas estaban ocupadas con sus propios problemas y no mostraron el más mínimo interés por intervenir en una guerra cuyo resultado favorable beneficiaría tan sólo a Venecia. Por lo tanto, ésta la asumió sola, cayendo así en la ruina, cosa que alegró a muchos. En 1468, murió Jorge Castriota, disolviéndose la resistencia albana. En 1470, Mehmed conquistó Negroponte en Eubea, ciudad que, para los venecianos, valía «cuatro veces más que Constantinopla». Esa pérdida significó la quiebra del poderío veneciano en el Egeo. Incluso la prometedora alianza que firmó Venecia en 1472 con Usun-Hassan, para realizar un movimiento en forma de pinza entre el este y el oeste, no fue en modo alguno beneficiosa para la ciudad. El moderno ejército turco derrotó a las tropas de Usun-Hassan en dos campañas llevadas a cabo en 1472 y 1473. Las acciones de hostigamiento, que los venecianos emprendieron paralelamente en las costas de Asia Menor, obtuvieron buen resultado, pero no fueron decisivas desde el punto de vista militar.

Hay que reconocer, sin embargo, que la guerra entre turcos y venecianos, con las intervenciones persas, fue un alivio importante para los vecinos del norte de Turquía, Austria, Hungría y Moldavia. El peso principal de las operaciones quedó desplazado hacia el sur y el este. Entre 1464 y 1475 no tuvo lugar ninguna campaña turca importante contra los estados cristianos al norte del Danubio. Las acciones represivas que, desde 1468, realizaban los *akindschis* con absoluta regularidad en Istria, Carintia y Carniola, llegando hasta Tore Laibachs (Ljubljana), Grosswardein (Oradea) y los alrededores de Venecia, no detuvieron ni a Matías Corvinus ni a Federico III en su disputa por la corona bohemia; fueron los campesinos y los nobles de las provincias limítrofes los que tuvieron que vérselas con los turcos. Se las arreglaron muy mal:

«Nada hizo el emperador [4] y las autoridades militares austríacas para defenderlos contra los temibles enemigos. Los habitantes de las tierras llanas, campesinos que no podían refugiarse en las plazas fortificadas, se irritaron de tal modo por la inactividad de los señores y los distintos estamentos oficiales que acusaron a estos últimos de complicidad con los turcos, de formar una alianza contra los señores y de conspirar contra la autoridad. Pero incluso en Croacia, donde Matías Corvinus tuvo que tomar medidas de protección, el éxito fue tan nimio como en las tierras del emperador».[5]

Las cosas no iban mejor en los demás sectores fronterizos. Radu el Hermoso, que pagaba puntualmente el tributo al sultán, incrementado en seis ocasiones, permitió que Valaquia se integrara al área de poder turco de un modo jamás conocido hasta entonces. Los *begs* del Danubio se establecieron en la zona como en su casa e instalaron graneros para proveer a las tropas allí destacadas; los puntos de apoyo se extendieron más allá de la orilla izquierda del Danubio y se construyeron otros nuevos, desde los cuales los *akindschis* emprendían avances hacia Transilvania y Moldavia.

Así pues, Esteban el Grande fue el único en aprovechar, en el marco de sus posibilidades limitadas, la relativa debilidad de los turcos, o sea, el desplazamiento del centro de gravedad militar. La situación de Valaquia favoreció un acercamiento de Esteban a Transilvania. Como cabía esperar poco del rey, que seguía en la guerra por Bohemia, los de Kronstadt se esforzaron por entrar en tratos con Esteban:

«En tanto fuisteis elegido y enviado por Dios para la defensa de Transilvania [...] deseamos con anhelo y cariño que Vuestra Alteza se apresure a venir a estas regiones con el fin de protegerlas [...] de los crueles turcos».[6]

Esteban aceptó el ofrecimiento, que al mismo tiempo redundaba en su propio interés, marchó en febrero de 1470 hacia Valaquia e incendió la ciudad de Braila. La anticampaña que Radu organizó al año siguiente, con el apoyo de las tropas turcas, salió mal. En 1473, cuando Mehmed luchaba muy lejos de allí, hacia el este, con Usun-Hassan, a Esteban le pareció el momento propicio para saldar definitivamente cuentas con Radu. En noviembre lo expulsó del país e instaló a Basarab Laiota en el puesto de voivoda. Sin embargo, cuando, en diciembre, Esteban regresaba a Moldavia, el obstinado Radu, a la cabeza de 17.000 turcos, volvió a atacar y puso en fuga al protegido de Esteban. El carrusel del poder se puso entonces en movimiento. En 1474, Esteban intervino otra vez para volver a imponer a su candidato; de Transilvania surgió rápidamente otro pretendiente, se produjo un curioso cambio de frente y, por último, Mehmed se hartó. Dispuso que Esteban se retirara de Valaquia, pagara el tributo pendiente y, como castigo por sus acciones militares, cediera Kiliá y Akkerman a los turcos. Como era de esperar, Esteban se negó. El sultán contaba con ello; dio órdenes al gran visir Solimán, que luchaba en Albania con las reservas rumelias, para que se movilizara hacia el noreste.

Hacia finales del otoño de 1474, Solimán cruzó el Danubio y, a través de la devastada Valaquia, avanzó contra Esteban en Moldavia, que no se hallaba en mejor estado. Al igual que Vlad Tepes, Esteban confió en debilitar, mediante la táctica de la tierra quemada, al enemigo, quien empezaba ya a sufrir la carencia de víveres. Y también al igual que Vlad Tepes, el príncipe moldavo se retiró a los bosques y pantanos con sus tropas, reforzadas con szekler y transilvanos. El ejército turco cayó en la trampa. El 10 de enero de 1475 fueron aniquilados en Vaslui, y sólo lograron salvarse restos lamentables de un gran ejército que se estimaba en cincuenta mil o sesenta mil soldados. Jamás nadie, se quejaba la viuda de Mehmed, había infligido semejante derrota a los turcos. Esteban envió de inmediato cartas al Papa, a Hungría, a Polonia y a Venecia, en las que no sólo comunicaba la victoria, sino que, ante todo, solicitaba ayuda. El voivoda moldavo calculaba, con razón, que Mehmed no toleraría esta ignominia y preveía ya alguna represalia para el verano de 1475.

La ocasión para una coalición anti-otomana parecía favorable. A pesar de todo, no cabía esperar demasiada ayuda de Venecia. La ciudad, que durante doce años había asumido sola la guerra contra los turcos, estaba agotada financiera y militarmente, pero Matías Corvinus se ponía a su disposición. En noviembre de 1474, presionado por los estamentos húngaros, Corvinus se vio forzado a celebrar un armisticio con el rey Casimiro IV de Polonia, ya que en Hungría opinaban que las acciones de saqueo llevadas a cabo anualmente por los turcos no podían continuar. La

Dieta puso a disposición del rey medios considerables para la guerra contra los turcos; la victoria de Esteban fue recibida con entusiasmo y, el 12 de julio de 1475, Matías Corvinus y Esteban el Grande firmaban un tratado de alianza contra «el enemigo mortal de la cristiandad». Pero no pudieron llegar a un acuerdo con Polonia:

«Cuando, en 1475, el rey Casimiro se hallaba en la Dieta de Lublin, llegaron, uno tras otro, los delegados del voivoda Esteban con la noticia de que Mehmed reunía una temible fuerza para invadir Moldavia. La mayoría de los consejeros polacos y todos los lituanos coincidieron en la defensa de Moldavia, por tratarse de un protector de Polonia; sólo el rey, aunque se le reprochó su negligencia en la defensa del reino, se mostró contrario a emprender acciones bélicas (presumiblemente porque no simpatizaba con los acuerdos entre Esteban y Matías) y prefirió enviar a Martin Wurocimoviczi, escudero de Cracovia, a ver a Mehmed para convencerle de que no invadiera a un vasallo de Polonia y de que, en cambio, sometiera sus eventuales protestas al comisariado polaco-turco; en tal caso, el rey polaco no dudaría en atenderle, mientras que, de tener lugar una guerra, el rey de Polonia, quien, a pesar de las invitaciones de tantas potencias, no había querido emprender ninguna acción contra los turcos, tomaría entonces las armas».[7]

Esta era la situación, cuando se acordaron de la existencia de Vlad Tepes. El terrible prestigio del ex voivoda de Valaquia no había perdido actualidad entre los turcos, y su capacidad militar era indiscutible. Matías Corvinus ordenó su libertad y le entregó 200 ducados para gastos de viaje. Vlad Tepes se dirigió de inmediato a Transilvania para obtener allí información de primera mano. A diferencia de su primer exilio en Transilvania, esta vez prefirió permanecer en Hermannstadt. A mediados de aquel año se difundió la noticia de que el sultán yacía enfermo y de que la campa-

Mehmed II, medalla conmemorativa realizada
por un medallista florentino (1481)

ña de Moldavia se posponía hasta el año siguiente. La alegría que produjo la noticia se vio empañada por la caída de Kaffa, con la cual los turcos conquistaban la última base del «dominio mercantil occidental» al este de los Dardanelos. Por aquel entonces, podía decirse que el mar Negro era turco.

En noviembre, Vlad Tepes regresó a Buda y presentó un informe al rey. El entonces voivoda de Valaquia, Basarab Laiota, quien había sido restituido a su cargo, preconizaba una política sospechosamente oscura. A lo largo del año 1475, Radu el Hermoso había caído víctima de las revueltas valacas, no se sabe si en combate o asesinado, pero sin duda se trató de una muerte violenta.

Al mismo tiempo, en noviembre, una misión enviada por el sultán llegó a la corte del rey para negociar una paz. Se puso en evidencia el propósito de Mehmed de aislar Moldavia al año siguiente. Por toda respuesta, Matías Corvinus les presentó al «voivoda del palo», como llamaban los turcos a Vlad Tepes: el príncipe debió de reincorporarse a la historia universal con una gran carcajada sardónica.

La guerra contra los turcos dio comienzo de inmediato. Mientras Matías Corvinus se dirigía a Schabatz (Sabac), situada sobre el Save al oeste de Belgrado —base fundamental de los *akindschis* en la frontera sur de Hungría—, y la conquistaba, Vlad Tepes avanzaba hacia Bosnia con tropas húngaras. Dando un rodeo, se aproximó a la importante ciudad de Srebrenica y atacó por sorpresa a su dotación turca, disfrazando a sus tropas con trajes turcos, gracias a lo cual pudo atravesar descaradamente las puertas de la ciudad. Como era precisamente día de mercado, el ataque produjo asimismo beneficios financieros. En el curso posterior de las acciones bélicas, el príncipe satisfizo con creces las esperanzas depositadas en él. Allí donde aparecía, la tierra era arrasada, y ni siquiera se salvaban los campesinos cristianos. Vlad Tepes se ocupó personalmente de los turcos. Según el informe del obispo de Erlauf, despedazaba con sus manos a los prisioneros y ensartaba sus restos en palos «para infundir terror a los demás».

A las puertas de Semendria se reunió de nuevo con el ejército húngaro. No podía pensarse en sitiar con éxito la fortaleza, pues Federico III, con quien Matías Corvinus se hallaba otra vez en malas relaciones, impedía con gastados argumentos la salida de una flotilla que se hallaba en Regensburg y que había sido costeada por el rey húngaro. Por lo tanto, faltaban barcos y maquinaria para el sitio; los húngaros se retiraron al norte. Con ello, Matías Corvinus dio por terminada la campaña y se dedicó a los preparativos de su boda con Beatriz de Aragón, que debía celebrarse en octubre. Encomendó las ulteriores medidas de defensa contra los turcos al comandante local.

Después de que el rey húngaro abandonase el escenario bélico, Mehmed se trasladó y ocupó su lugar. En mayo, reunió a 100.000 hombres en Andrianópolis y, en junio, se

176

Ruinas del castillo de Suceava

hallaba en el Danubio. Basarab Laiota se unió a él, aportando a 10.000 hombres. Para mantener ocupados a los húngaros, 4.500 *akindschis* atacaron Croacia y Carniola y otros 5.000 se dirigieron a Temesvár (Timisoara). Para poner a Esteban en un aprieto, Mehmed había indicado a los tártaros que invadieran Moldavia con 10.000 jinetes desde el oeste. Las llamadas de auxilio de Esteban fueron finalmente atendidas.

El rey polaco se remitió a los acuerdos del año anterior, que Mehmed debía tener en consideración, pero Matías Corvinus dio aviso al voivoda de Transilvania, Esteban Báthory, para que prestara ayuda con su ejército al príncipe moldavo. Como era habitual, llevaba cierto tiempo reunir a los guerreros nobles. Cuando el ejército húngaro partió de Turda el 26 de julio de 1476, a 350 kilómetros de allí, y por sus propios medios, Esteban libraba con los turcos la batalla decisiva de Razboieni.

A primera vista, el apuro militar en el que se hallaba Esteban podía compararse con el de Valaquia en el año

1462, aunque se diera en otras condiciones. El voivoda moldavo gobernaba su país desde hacía veinte años, durante los cuales extendió continuamente su poder, obteniendo éxitos en política exterior que le valieron un alto prestigio como militar y diplomático. Las reformas políticas internas, especialmente la inclusión forzosa del campesinado en la organización del ejército, que suponía el control de la influencia boyarda, aumentaron la capacidad bélica, pero no se impusieron de la noche a la mañana, sino que tuvieron que desarrollarse con esfuerzo.

Los primeros tiempos de guerra fueron prometedores. Los tártaros se adelantaron y, en junio, Esteban los atacó en Akkerman, impidiendo que se reunieran con los turcos. Respecto a la táctica, siguió la misma que tan buenos resultados le había dado a Vlad Tepes. Evacuó a la población, hizo destruir viviendas, víveres y cosechas, mandó inutilizar los pozos de agua y apresar a los furrieles turcos. Esto, combinado con la táctica guerrillera ya tan bien practicada por Vlad Tepes —ataques y escaramuzas permanentes—, surtió efecto. El 26 de junio de 1476, Esteban intentó repetir el éxito del año anterior, para lo cual atrajo a Mehmed a una zona boscosa, que previamente había acondicionado con trampas y cañones. La lucha se prolongó durante todo el día y continuó hasta la noche. Esteban logró vencer la vanguardia turca y, con certeros disparos de artillería, pudo desalentar a los mismos jenízaros. Estos se arrojaron al suelo, y el *agha* no pudo movilizarlos para el asalto de las fortalezas de Moldavia. Sólo cuando Mehmed se puso al frente en persona y, arriesgando su propia vida, galopó en dirección al enemigo, se movieron los soldados. Esteban, cuya posición se había vuelto insostenible, se retiró durante la noche con su cansado ejército. Fueron sobre todo los boyardos quienes, luchando valientemente, sufrieron serias pérdidas. Las de los turcos eran incomparablemente mayores, pero no llegaron a los 30.000 hombres muertos, tal como exageraban los cronistas de la época.

Vista interior de la iglesia conventual de Snagov; delante del altar,
la tumba del príncipe Vlad Tepes

Mehmed marchó entonces a Suceava, la capital de Moldavia. Pero la halló tan reforzada y defendida que renunció a sitiarla.

Los víveres comenzaban a escasear, se desató el cólera en el ejército turco y, para colmo de males, la flota de transporte, que el precavido de Mehmed había dispuesto para el aprovisionamiento de víveres, fue sorprendida por una tormenta en la desembocadura del Danubio que hizo naufragar la mayoría de los barcos. El hecho de que el sultán ordenara la retirada el 10 de agosto se debe también a que el ejército húngaro de socorro había alcanzado entretanto el Paso de Oituz, en la frontera transilvano-moldava, y estaba a punto de reunirse con las tropas de Esteban.

En ese momento, llegó una vez más la hora de Vlad Tepes. Basarab Laiota se había desautorizado por mostrarse amigo de los turcos, y tanto Báthory como Esteban el Grande deseaban arrebatarle a los turcos el control de Valaquia e implantar un voivoda que de ningún modo intentara un arreglo con Turquía. Vlad Tepes surgió como la mejor solución personal. A él, que ya no tenía espacio político con respecto al sultán, no le quedaba otro remedio que defender a Valaquia de los turcos, costara lo que costara. El 6 de septiembre de 1476, Matías Corvinus dio su consentimiento. Báthory y el voivoda designado se dedicaron de inmediato a la realización del plan.

La entronización del voivoda no era el principal problema. Los avances militares podían establecerse con facilidad. Báthory y Vlad Tepes atacarían por el norte, y Esteban por el este, de modo que Basarab Laiota quedara apresado en una pinza. Tras la fracasada campaña, Mehmed sólo podía contar, por el lado turco, con los *begs* fronterizos locales. Pero, ¿cómo se mantendría Vlad Tepes en el poder, en quién se apoyaría? La persona del príncipe era una provocación directa. El sultán no descansaría hasta atrapar a quien había ofendido su honor, destruido sus tropas y asesinado a sus embajadores. Un voivoda como Vlad Tepes significaba para Valaquia la posibilidad de una guerra permanente. El voivoda designado insistía en su disposición al compromiso. Prometió a los comerciantes de Kronstadt una prosperidad como nunca antes habían conocido y les ofreció extraordinarios privilegios; no se habló del derecho de emporio y demás asuntos desagradables.

A principios de noviembre, comenzó la ofensiva de húngaros y moldavos, que se desarrolló conforme a los planes y satisfizo todas las expectativas. El 8 de noviembre cayó Tirgoviste; el 16, Bucarest; y el 26, Vlad Tepes fue nombrado voivoda por tercera vez.

Los húngaros tuvieron que retirarse a principios de diciembre. Se requería a Báthory con urgencia. El sultán apareció por sorpresa en el Danubio en pleno invierno, y recuperó Schabatz. Vlad Tepes firmó un contrato de alianza con Esteban. El príncipe moldavo le proporcionó una guardia personal de 200 guerreros escogidos. Por lo tanto, no estaba completamente solo cuando, en el paso del año 1476 a 1477, un contingente de *akindschis* turcos, encabezados por Basarab Laiota, entró en Valaquia. ¿Murió Vlad Tepes en la lucha, o, según una segunda versión más terrible, un asesino a sueldo lo decapitó por la espalda, haciendo rodar su cabeza por el suelo?

Tepes era tan consciente de que había fracasado, de que todo aquello era absolutamente inaceptable tanto para los habitantes del desangrado principado de Valaquia como para las ciudades sajonas que, por precaución, había dejado a su mujer húngara y a sus hijos en Transilvania.

El cuerpo del príncipe fue sepultado en Snagov, un convento insular cercano a Bucarest, al que Vlad Tepes, durante su segundo gobierno, había fortificado y provisto de tierras generosamente. Por el contrario, su cabeza fue cuidadosamente conservada en miel, enviada a Mehmed como prueba de su muerte, atravesada por un palo y expuesta a la vista de todos.

Finis Draculae

Con la reconquista de Schabatz y la eliminación de Vlad Tepes se restableció la influencia turca en todos los territorios del Danubio. En 1479, Venecia se vio forzada a concluir la guerra con el sultán y a firmar un tratado de paz altamente desfavorable, por el que, además de la pérdida de sus posesiones en el Egeo, reconocía la supremacía turca. En 1481, los otomanos desembarcaron en Italia y conquistaron Otranto. Sólo la muerte de Mehmed impidió la marcha sobre Roma. Tras un tiempo de consolidación, el sucesor de Mehmed prosiguió sin interrupciones la política expansionista. En el Cercano Oriente dominaron Siria y

Egipto, convirtiéndose así en la primera potencia del Islam. En el oeste (1526, batalla de Mohac), cayó el reino húngaro. En 1529, los turcos entraron por primera vez en Viena.

Como resultado de las conquistas turcas, el principado rumano perdió su independencia en política exterior, pero pudo conservar un *status* semiautónomo. Los otomanos prefirieron no convertirlo en provincia turca, sino explotarlo mediante un voivoda local, más tarde griego (Hospodare), al que pudieran manejar a voluntad.

¿Quién fue Vlad Tepes? Una respuesta que lo reduzca a una figura meramente patológica, morbosamente cruel y sangrienta, no hace sino interpretar el carácter y los propósitos del príncipe de un modo tan miope como los cantos de júbilo de la prensa rumana, que opina todo lo contrario:

«Gracias a su perspicacia política, su habilidad diplomática y su gran capacidad militar, Vlad Tepes encarnó la historia de su propio pueblo. El amor a la patria, la sumisión a los grandes valores del pueblo, se convirtieron en una fuerza capaz de resistir los asaltos de las grandes potencias. Esta es la gran lección política que surge de la vida y la obra del príncipe Vlad Tepes».

Y, en otro lugar, se dice en relación con las recientes investigaciones históricas: «El destacado príncipe despierta a una nueva vida, y su verdadera identidad histórica cobra un carisma siempre mejor perfilado: como gran estadista europeo de la segunda mitad del siglo XV, como figura simbólica de una Europa que buscaba el camino hacia un desarrollo moderno y que al mismo tiempo luchaba hasta el último sacrificio para defender su identidad espiritual, su fe y sus ideales, ante una invasión que parecía incontenible».[8]

Dada la actual situación política rumana,* las implicacio-

---

* Debe tenerse en cuenta que la primera edición alemana del presente libro es de 1980. *(N. del E.)*

nes políticas de una figura como la del príncipe así descrita son evidentes. La actitud autoritaria de Vlad Tepes en el interior y su lucha contra los enemigos exteriores convierten, con los pretextos de amor a la patria y honorables ideales (cuyo origen es más bien oscuro), el traslado del príncipe al panteón de las glorias nacionales en una sensata medida pedagógica.

Vlad Tepes vivió en un período en el que se articulaban dos sistemas sociales y otorgó mayor importancia al absolutismo feudal turco y a su eficiencia. Para la edificación de un fuerte poder centralizado, vio en ellos la única opción para mantener su dominio dentro y fuera del país. Con tal fin, estaba dispuesto a pagar un precio elevado, cosa que le resultaba tanto más fácil cuanto que él encarnaba tanto las obligaciones como los deseos de la población. Las misiones desagradables, la lucha interna contra los boyardos o la disciplina del ejército, no eran para él una pesada carga, sino un placer.

En su libro *Masa y poder,* Elías Canetti hace una distinción entre poder y fuerza, que puede relacionarse con Vlad Tepes:

«A la fuerza, se asocia la idea de algo próximo y presente. Es más apremiante y directa que el poder [...] si la fuerza se perpetúa, se convierte en poder. Pero, en el instante culminante, que siempre acaba por llegar, en el instante de lo decisivo e irrevocable, vuelve a ser fuerza pura».[9]

La cuestión del empleo a ultranza de la fuerza pasa a ser el problema de una época que ya no existe. Para Vlad Tepes, era un estado de necesidad permanente. En la carrera, poco ventajosa para él, contra las fuerzas que le imponían sus propias leyes de juego, gobernó con la violencia porque jamás fue poderoso.

La iglesia conventual de Snagov

Bram Stoker, Vlad Tepes y la leyenda del vampiro

Pervivencia del príncipe en la tradición - Resumen de un encuentro - Las fuentes de Stoker - Historia del concepto del mal - Éxito del libro y en la pantalla

Puede que al lector le decepcione saber que ninguna tradición conocida le atribuye a Vlad Tepes propiedades vampirescas. Las leyendas alemanas y húngaras, que durante la primera mitad del siglo XVI tuvieron una asombrosa difusión en el norte y aún más en el sur de Alemania, lo describen como «bárbaro y tirano». Por el contrario, los rusos se han apropiado de Vlad Tepes para su propia mitología. Después del dominio de Iván IV el Terrible (en realidad, el Severo, del ruso *groznyj*) entre 1546 y 1584, en los escritos sobre Drácula el título de «voivoda» fue reemplazado por el de «zar», y el mismo Vlad Tepes recibió el apodo de *groznyj*. Con el paso del tiempo, se produjo una confusión voluntaria, de tal manera que, hoy, el episodio de los embajadores, en el que se clavetea el turbante en la cabeza de uno de ellos, es atribuido a Iván IV.

A mediados del siglo XVI, el interés alemán por el *Trakle waida* decayó rápidamente, mientras el ruso se mantuvo intacto hasta comienzos del siglo XVIII. En la Rumanía del siglo XIX, en el punto culminante del movimiento nacional por la libertad y la renovación, se prestó otra vez atención a Vlad Tepes. Mijaíl Eminescu (1850-1889), un poeta nacionalista rumano, alabó en un breve poema («Scrisoarea III», 1881) el heroico pasado del príncipe rumano, anhelando la existencia de un Vlad Tepes que se lanzase sobre los filisteos, la corrupta sociedad de Bucarest y los malos políticos. Por el contrario, Vasile Alexandri (1819-1890), uno de los más importantes autores de teatro rumanos, tachó a

Vlad Tepes de corrupto, indigno de narración alguna. Colocaba al príncipe a la altura de los sanguinarios tiranos turcos. El lírico Ion N. Theodorescu (o sea Tudor Arghezi, 1880-1967) sostuvo una posición ambigua. Atribuyó a Vlad Tepes un concepto político, aunque opinaba que no se puede mejorar la situación de un país con semejantes métodos. Hasta Stoker no se concibió tradición literaria alguna que conectara a Vlad Tepes con el vampirismo.

Hubiera podido ser distinto. Si se busca al vampiro en Vlad Tepes, muchas son las referencias que pueden tomarse en serio, ya que ¿quién se vuelve vampiro? Pues aquél a quien ha mordido otro vampiro; pero este tipo de víctimas no es el más frecuente. Clásicamente, existen dos concepciones: la conversión en vampiro se debe, o bien a una muerte, o bien a un castigo.

En el primer caso, se parte de la idea de que toda vida desea ser vivida hasta el final. Una súbita intromisión, un accidente fatal, un suicidio, la muerte en la cuna, el asesinato, etcétera, interrumpen el curso natural de la vida y hacen que el alma no pueda hallar paz en su tumba. En el segundo caso, se relaciona el vampirismo con los hombres hallados culpables de graves males, lo cual puede también relacionarse con el hecho de mantener tratos con el diablo.

En esa teoría se basa la sospecha contra Vlad Tepes: piénsese en su muerte repentina y violenta, en su vida no vivida hasta el fin y atestada de actos sanguinarios y, por último, en su triple «resurrección». Vlad Tepes fue muerto en un cambio de año. Y, ciertamente, no se trata de una época como otra cualquiera. Aquí, en el umbral entre el pasado y el futuro, en la penumbra del giro del tiempo, el Mal ejerce poderes sobre la Tierra y no está de más tomar especiales precauciones para proteger el cuerpo y el alma contra los poderes diabólicos. Pero si Vlad Tepes hubiera tenido que defenderse contra un ataque del demonio, habría estado totalmente desprotegido, porque en el apuro no habría podido recurrir a la confesión ni al sacramento. Otro argumento es obviamente su apodo, Draculea, hijo de Drácula. Mientras el padre fue miembro de la Orden del Dragón, cuyo benigno lema rezaba: «Oh, cuán compasivo, justo y piadoso es Dios», al hijo le correspondieron otras cualidades. Lo cierto es que Vlad II y Vlad III debían su apodo a la orden draconiana de Segismundo, atributo que derivaba del latín *draco;* este sustantivo debió de ser mal interpretado en Valaquia, porque, en rumano, dragón es *baluar* o, a veces, *zmeu* (monstruo),[1] mientras que *drac* significa diablo (el sufijo *ul* es el artículo determinado).

Dragón o diablo, sería inútil discutir:

«Y otra señal apareció en el cielo, y se vio a un enorme dragón rojo con siete cabezas, diez cuernos y siete coronas sobre sus cabezas;

»y se entabló una lucha en el cielo: Miguel y sus arcángeles lucharon contra el dragón, y peleó el dragón y también pelearon sus ángeles,

»y no vencieron, y nunca más hallaron morada en el cielo.

»Y se expulsó al gran dragón, a la vieja serpiente, como suele llamarse al diablo y a Satanás, seductores del mundo, y se le arrojó a la Tierra, allí donde también fueron arrojados sus ángeles».[2]

El dragón es la encarnación del Mal, del Demonio, de la Tentación. Las siete cabezas simbolizan los siete pecados capitales: orgullo, envidia, ira, pereza, avaricia, gula y lujuria. Se le considera como el signo del Caos, de las fuerzas indómitas que sólo Cristo pudo eliminar definitivamente. El aspecto del dragón recuerda al de Vlad Tepes: «[...] un monstruo que arrasa las tierras, extermina a los hombres, de espantoso semblante y a menudo dotado de alas de murciélago [...]».[3]

Mediante el dragón *(draco),* hemos alcanzado a los vampiros, pero, como se afirma más arriba, ¿cómo asociarlo al demonio *(drac)?* El diablo está estrechamente relacionado con el murciélago. Este es considerado siervo de Satanás, y las palabras diablo y vampiro son a menudo empleadas como sinónimos.[4] En los exorcismos, por ejemplo, el espíritu maligno sale volando por la boca del poseído bajo la forma de un murciélago. Quien se halle en tratos con el demonio, el gran dragón, puede convertirse en vampiro, y una de las formas que tiene de manifestarse el vampiro es el murciélago. Como ser híbrido, entre pájaro y ratón, animal nocturno y chupador de sangre, se asimila al vampiro, ese ser mitad vivo, mitad muerto, que abandona su cueva por las noches para dedicarse a succionar.

Si, a pesar de todos estos argumentos, no se produjo antes la asimilación de Vlad Tepes al mito del vampiro, se debe sobre todo a los turcos. Un vampiro sin cabeza es evidentemente impensable, y a aquél se la habían quitado los turcos.

La unión de las mitades antagónicas, la reconciliación de lo metafísico con el hecho en sí, es mérito del escritor irlandés Abraham (Bram) Stoker. Stoker, nacido en Dublín en 1847, con estudios en el Trinity College y representante del famoso actor Sir Henry Irving, había mostrado, ya a muy temprana edad, su interés por los vampiros. *Carmila,* relato de vampiros de Sheridan LeFanu, publicado en 1872, le había gustado especialmente y le inspiró una primera novela, que luego desechó.[5]

Tarde o temprano, la fascinación por lo oculto debía llevar a Stoker a Transilvania, región que, como ninguna otra, ha recogido material sobre vampiros, como lo señaló James Frazer en su libro *La rama dorada* (Londres, 1890), obra que, se supone, ha sido una de las fuentes de la imaginación de Stoker. En el British Museum había aún más sobre el tema. Las *Canciones y leyendas nacionales de Rumanía,* de E.C.G. Murray, habían sido publicadas ya en 1852, y le siguieron *Cuentos de hadas y leyendas rumanas,* de E. Mawes, en 1881. Es muy posible que Stoker conociera el relato de viajes de Emily Gerard, *La tierra más allá de la foresta* (Londres, 1888), que profundiza en el tema de la creencia de esas comarcas en los vampiros y las sagas de Transilvania, entre las que destaca *Senderos jamás hollados de Rumanía*, de Walker.

Pero lo que llevó a la concepción de un «supervampiro» fue aquel encuentro de Bram Stoker con el renombrado orientalista húngaro Hermann (Arminius) Vambery, en una tarde de 1890. Vambery, nacido en 1832, se hizo célebre por su viaje a Oriente. Disfrazado de derviche, peregrinó hasta Samarcanda y regresó con valiosos conocimientos geográficos y lingüísticos, que, en 1865, le valieron una cátedra de lenguas orientales en la Universidad de Budapest. Las culturas de Asia Central constituían el centro de gravedad de sus investigaciones, pero también se ocupaba intensivamente del reino otomano y de la historia de su propio país. En 1887, había aparecido en Londres su *Historia de Hungría*. Por lo tanto, fue Vambery —a quien Stoker menciona expresamente en su novela— quien le informó sobre Vlad Tepes y las leyendas en torno a su persona. Stoker tuvo incluso la posibilidad de comprobar la veracidad del informe de Vambery en un documento original: poco antes de que comenzara a escribir, el British Museum consiguió uno de los opúsculos alemanes sobre Drácula.[6]

En sus posteriores investigaciones, Stoker se vio confrontado una y otra vez con las creencias de los rumanos en los vampiros y en sus distintas manifestaciones. En trabajos especializados, halló relatos acerca de muy curiosas costumbres. En Rumanía, era habitual desenterrar los cadáveres en determinados períodos para comprobar si se habían convertido en vampiros. A los niños se les desenterraba tres años después de su muerte, a los jóvenes cinco años después, y a los demás a los siete años. Si el proceso de descomposición era completo, se lavaban los huesos con agua y vino y se los volvía a enterrar; si no, se consideraba que el muerto se había convertido en un vampiro, de modo que se seguía el procedimiento habitual:

«Se atraviesa el ombligo del vampiro con una estaca, o se le arranca el corazón. El corazón debe quemarse en fuego de carbón vegetal, también puede hervirse o cortarse en trozos con una hoz. En el caso de que se queme, deben juntarse las cenizas. A veces se las arroja a un río, pero lo más habitual es mezclarlas con agua y dárselas a beber a los enfermos. También se emplean como ungüento para proteger del mal a niños y animales».[7]

El temor a los vampiros se extendió de tal modo que, en 1801, el obispo de Sige le rogó al príncipe de Valaquia, Alexander Moruzi, que los campesinos no siguieran desenterrando a sus muertos. En dos ocasiones habían tenido motivo para sospechar que se trataba de vampiros. Todavía en 1919-1920, se produjo una exhumación a gran escala en Bucovina. Se difundieron historias terribles:

«Hace unos quince años, en la aldea de Amarasti, al norte de Dolj, murió una anciana, madre del campesino Dinu Georghita. Tras unos meses, los hijos de su hijo mayor empezaron a morir, uno tras otro, y luego los de su hijo menor. Presa del miedo, los hijos se decidieron a abrir la tumba por la noche, cortaron a la mujer en dos partes y volvieron a enterrarla. Pero las muertes no cesaron. Abrieron la tumba por segunda vez, y ¿cuál no fue su sorpresa? El cuerpo estaba totalmente intacto, sin la más mínima huella de profanación. Era un gran milagro. Tomaron el cadáver, lo llevaron a un bosque y lo depositaron bajo un árbol situado en un lugar apartado. Allí, lo cortaron; extrajeron el corazón, del que manó sangre, lo cortaron en cuatro partes y lo quemaron a fuego de carbón. Juntaron las cenizas, que, mezcladas con agua, dieron a beber a los niños. Arrojaron el cadáver al fuego, lo quemaron y enterraron las cenizas. Sólo entonces cesaron las muertes.

»En las proximidades de Cusmir se produjeron varios casos de muerte súbita en una familia. Las sospechas recayeron sobre un anciano, que había fallecido hacía tiempo. Cuando lo desenterraron, lo encontraron sentado en la posición de los turcos y completamente rojo, de modo que era él quien había destruido la familia, compuesta por gente sana, joven y fuerte. Cuando intentaron sacarlo, ofreció resistencia. Fue un mal trago para todos. Probaron con un hacha y lo sacaron, pero no pudieron cortarlo con cuchillo, por lo que cogieron un hacha y una hoz, le arrancaron el corazón y el hígado, los quemaron y se los dieron a beber a los enfermos. Lo bebieron ellos, y recuperaron la salud. Enterraron de nuevo al viejo, y las muertes cesaron».[8]

El que su novela, publicada en Londres en 1897, tuviera una difusión tan grande se debe a que Stoker supo elaborar elementos sobrenaturales con suma verosimilitud. El carácter documental del libro, los apuntes del diario, el protocolo y las cartas, la exacta descripción del viaje en ferrocarril y en barco, y los detalles geográficos sugerían tanta legitimidad como la elección de Transilvania —lugar donde, de hecho, se sospechaba desde hacía mucho tiempo de la existencia de vampiros— para la residencia habitual de su supervampiro.

El nexo entre el vampiro y la historia real acabó de otorgar autenticidad a su relato y lo convirtió en una amenazadora advertencia, ya que la veracidad de los hechos podía ser comprobada. La publicidad editorial no se cansó de acentuar precisamente este aspecto:

«Bram Stoker no ha inventado la figura del vampiro; ésta es tan antigua como la humanidad misma y puede hallarse en las leyendas de casi todos los países. Todo lector

191

recibe una impresión imborrable de las terribles posibilidades que se esconden en la existencia humana».[9]

A raíz de la publicación de la novela, se incrementó la demanda de «información» más sólida con la aparición de curiosos productos como el *Vampirismo moderno: sus peligros y cómo evitarlos,* de A.O. Eaves (en el que, además de las acreditadas ristras de ajos, se recomienda incluso el ácido nítrico como método de defensa contra los vampiros), lo cual demuestra que la novela no fue entendida como una ficción, sino como el relato de una realidad. El efecto provocado por la leyenda realista del vampiro fue luego aprovechada por Béla Lugosi, actor que encarnó a Drácula, un húngaro que, merced a un tratamiento personal, supo sacar gran provecho del hecho de provenir de un país en el que no faltaban vampiros.

La obra de Stoker fue la novela de vampiros que más éxito obtuvo, y su protagonista se convirtió sin duda en sinónimo de vampiro. En 1925, *Drácula* fue adaptada al teatro y representada con gran éxito en Londres y Nueva York. El 14 de septiembre de 1927, se habían realizado ya 250 representaciones. Para lograr un clima de autenticidad, cada asistente recibía un misterioso paquetito negro, que, además de un ejemplar del relato de Stoker, contenía un murciélago que salía volando una vez abierto el paquete.

Pero la verdadera fama del conde hematófago se consiguió con la película. No es preciso referir aquí la historia de las películas de vampiros, que no es sólo la de los filmes de Drácula, puesto que ya ha sido escrita hace mucho. Por lo tanto, sólo cabe nombrar algunas etapas significativas que marcaron de un modo decisivo la imagen de Drácula.

Nosferatu, el vampiro, rodada en 1922 por Friedrich Wilhelm Murnau (seudónimo de F.W. Plumpe), con Max Schreck en el papel del conde fue una de las películas mudas más importantes del cine alemán. A pesar del título discordante, se trata de una adaptación de la novela de Stoker, *el* clásico del género.

Drácula, rodada en 1930 bajo la dirección de Ted Browning, es la versión norteamericana en la que por primera vez Béla Lugosi representa al maligno vampiro. Antes había contribuido ya al éxito de la versión teatral norteamericana. Según dicen, Béla Lugosi se había identificado hasta tal punto con el papel de Drácula que pidió ser enterrado con capa rojinegra. Lugosi pasó a ser el prototipo fílmico del vampiro. Otros filmes en los que intervino en el papel del conde son *La marca del vampiro,* dirigida por Ted Browning en 1935; *La hija de Drácula,* dirigida por Lambert Hilliger en 1936; *El murciélago diabólico,* dirigida por Jean Yarbrough en 1940; *El regreso del vampiro,* dirigida por Lew Landers en 1943 y *La hija del murciélago diabólico,* dirigida por Frank Wisbar en 1946.

A finales de la década de los cincuenta, la pequeña productora Hammer-Productions creó una serie sobre Drácula. El conde fue encarnado por Christopher Lee, que había heredado el anillo «mágico» de Béla Lugosi, lo cual en cierto modo le confería el carácter de sucesor. Lee también ostentaba rasgos misteriosos. Provenía de una familia noble italiana y afirmaba que su árbol genealógico se remontaba a Carlomagno. Su debut como el conde vampiro fue su primer papel como protagonista y su última oportunidad en el negocio del cine, ya que durante más de diez años había representado papeles secundarios. Los mejores filmes de este ciclo «vampirista», de doce años de duración fueron: *Drácula,* 1958, dirigido por Terence Fisher; *Drácula, Príncipe de las Tinieblas,* 1965, también realizado por Fisher; *Drácula vuelve de la tumba,* 1968, bajo la dirección de Freddie Francis.

En el año 1979 hubo un renacer de las películas de vampiros, y Drácula volvió tres veces más a la pantalla. El gran místico alemán Werner Herzog se unió con el célebre Klaus Kinski para realizar *Nosferatu, fantasma de la noche,* un filme

Emblema de la Orden del Dragón

que muchos críticos consideraron como un verdadero himno. El *Drácula* hollywoodense de John Badhams, con el bello Frank Langella como protagonista, prometía en principio algo novedoso al presentar al conde presa de un mal romántico —melancólico a lo Byron—. La concepción, estimulante de por sí, fue sin embargo torpedeada por un exceso de violaciones estilísticas. Stan Dragoti, con su *Amor al primer mordisco* (George Hamilton en el papel de Drácula) aportó una parodia sobre los filmes de vampiros que, por desgracia, no pudo aventajar al insuperable clásico del género de sátiras sobre Drácula: *El baile de los vampiros,* de Roman Polansky (1966).

Sin duda, los Dráculas de los filmes, sujetos a reglas y siempre aniquilados por sus adversarios, despiertan un pobre horror, a diferencia de la poderosa actitud que, en cambio, encarna Vlad Tepes. Drácula, el vampiro, es, en el fondo, un personaje privado, cuyos modales están tomados del repertorio de la cortesía burguesa. Debe desempeñar el papel de un amable anfitrión, o de un amante encantador, para atraer a sus víctimas. Los lugares que elige para ello son acordes con su propósito. Cementerios, castillos semiderruidos, sótanos sombríos, precisamente escondrijos en los que no se le puede atrapar porque, de lo contrario, sería desenmascarado.

Por el contrario, Vlad Tepes es todo publicidad. Cuando mata, lo hace a la luz del día, todos deben verlo y sentir miedo. Es en todo momento amo de la vida y de la muerte, y nadie se atrevió a disputarle este derecho. Basta una orden suya para que cunda la muerte, y basta con que exprese un deseo para que se conceda una gracia. El vampiro necesita del demonio, lo evoca, está asociado a él. En su absolutismo, Vlad Tepes no necesita semejante ayuda, él es la ira de Dios; de lo contrario, ¿quién estaría de su lado?

Apéndices

Pequeña guía de viajes Drácula

«Tras las huellas de las estacas y los colmillos»

Nuremberg sería un buen comienzo. Pasee por el castillo y las murallas de la ciudad para poder compararlas luego con las de Transilvania y Muntenia; baje a los «calabozos de los agujeros», testimonio implacable de los procedimientos penales de la baja Edad Media.

Desde *Viena* pueden elegir dos rutas: la de Vlad Dracul en 1431 y la de Jonathan Harker en 1897.

Continúe hasta *Budapest,* ciudad del *gulasch* (que allí se llama *pörkölt),* de los exquisitos postres y del ardiente vino de Hungría. Y de Budapest nada más, porque es puro siglo XIX.[1]

Siga el viaje hasta *Cluj-Napoca* (Klausenburg): siga la ruta de Jonathan Harker. No se esfuerce en buscar el Hotel Roydle, en el que Harker pernoctó, pues ya no existe. En cambio, visite el Museo de Historia Transilvana y admire la estatua de Matías Corvinus en la plaza junto a la iglesia de San Miguel.[2] Cluj-Napoca (200.000 habitantes) es por su tamaño la segunda ciudad del país y centro de la minería húngara en Rumanía, que dispone aquí de una universidad, un Teatro Nacional y un Teatro de la Opera. Ultima oportunidad de consumir los riquísimos postres antes de partir hacia el interior.

Bistrita es el centro de los asentamientos alemanes al norte de Transilvania. La posada que Stoker menciona, Corona Dorada, era pura ficción incluso en 1897, pero, gracias a la habilidad de los funcionarios de Turismo rumanos, existe hoy con el nombre de «Coroana de Aur». Por fuera, es un edificio moderno y sin gusto: no se deje atemorizar, y abra las ventanas antes de entrar al comedor: el record es de 36 mosquitos chupadores de sangre por noche.

No se desilusione y viaje a la mañana siguiente hacia el *paso del Borgo.* Mientras tanto, incluso los mismos rumanos han descubierto el enorme potencial turístico de Transilvania. En 1977,

199

se inaugura el Hotel del Castillo de Drácula... «Se escucha en lugares precisos una cinta grabada con simpáticos aullidos de lobo y los turistas van a su encuentro a través de nebulosos crepúsculos»,[3] según un autor inglés.

Suceava (60.000 habitantes), antiguamente la capital de Moldavia (hasta 1565). En el sector este de la ciudad está el castillo del príncipe, que Mehmed II atacó en vano en 1476. No lejos de allí, contemple la gigantesca estatua de Esteban el Grande. Se recomienda el Hotel Bucovina (excelente *pastrama,* carne de cordero ahumada).

A partir de allí, explorar los *Conventos de Moldavia,* sin exagerar, una de las joyas de Europa, con impresionantes frescos exteriores de varios siglos de antigüedad. Especialmente en los conventos de Moldovita, Humor y Voronet, se encuentran referencias temáticas al siglo xv (sitio de Constantinopla, disputas entre latinos y griegos, etc.). Putna, casi en la frontera con Rusia, pero sobre todo Sucevita, son testigos —por su carácter de castillos defensivos— de la importancia militar de los conventos.

Brasov (Kronstadt, 200.000 habitantes). Como Vlad Tepes en el exilio, viaje desde Suceava a Brasov. En el caso de que haya sido descubierto por Drácula, debe elegir con disimulo la ruta de los Cárpatos, quizá por el desfiladero de Bicaz.

Sighisoara (Schässburg, 30.000 habitantes). Se la llama con toda justicia «la Dinkelsfühl transilvana». Junto a la casa natal de Vlad Tepes, cerca de la Torre del Reloj, suba las escaleras del colegio hasta el castillo en la montaña. El cementerio situado detrás de la iglesia gótica de la montaña es una reminiscencia del poder y el dominio alemanes en el pasado.

Sibiu (Hermannstadt, 120.000 habitantes). Se recomienda el barrio *Imparatul Romanilor* (Emperador romano). En el restaurante del hotel, deléitese nuevamente con los postres *(Palatschinken)* y compare luego las murallas de Sibiu con las de Nuremberg. Después del reconocimiento de las «ciudades sajonas», examine el sector opuesto.

Paso de Roten-Turm. A través de este paso, diríjase hacia el sur, a la Oltenia (Pequeña Valaquia).

Interrumpa el viaje en el convento de *Cozia,* donde se halla la tumba de Mircea cel Batrin, el abuelo de Vlad Tepes. De ahí hasta Rimnicu Vilcea. Detrás de la ciudad, desvíese hacia el noroeste.

Curtea de Arges, Cimpulung (de 1330-1369) y *Tirgoviste* (desde

Paisaje del paso del Borgo

1396 hasta el siglo XVII) son las antiguas capitales de Valaquia. En las tres se encuentran las cortes principescas de los voivodas valacos. Las instalaciones de Tirgoviste son las mejor conservadas.

Bucarest (1.700.000 de habitantes) es también una ciudad-museo: quien desee informarse sobre la historia del país debe dirigirse al Museo de Historia Rumana, al Museo de Arte, con su sala de arte feudal, y al Museo de Historia de Bucarest. Si dispone de tiempo, puede echar un vistazo a la antigua corte principesca *(Curtea Veche)*, situada en uno de los lugares arquitectónicos más bellos. En todo caso, no deje de visitar el Museo de la Aldea Rumana, al aire libre, en el que se exponen los distintos tipos de viviendas de Rumanía, provistas de interiores originales: una lección de creatividad campesina. Quien quiera apreciar el legendario ataque nocturno al ejército turco, el rechazo del pago del tributo, o el asesinato de los boyardos en óleos del siglo XIX, debe visitar la Galería Nacional y el Museo Theodor Aman, donde se encuentran las obras del pintor del mismo nombre (1831-1891).

Snagov (a 40 kilómetros de Bucarest) en el lago Snagov y rodeado por el bosque de Snagov, se halla el covento insular. Nadie se asombra de que semejante acumulación de encantos atraiga a los habitantes de Bucarest en los fines de semana. En lo posible, el turista debe viajar entre semana. Se cruza el lago con una barca hasta la Casa de Baños, y el inevitable tiempo de espera puede emplearse en un reconfortante refrigerio en el restaurante del lugar (¡el quiosco de la orilla vende miel turca!). En cualquier momento el patrón de la barca reunirá su rebaño y partirá hacia Snagov. El edificio del convento data del siglo XVI, y los monjes de servicio describen la tumba de Drácula en seis idiomas distintos. Como era de esperar, cuando se abrió en 1931, la hallaron vacía.

No vale la pena prolongar el viaje hacia el sur o el este, hacia las ciudades de Giurgiu y Kiliá. Las murallas fortificadas de Giurgiu, ordenadas por Mircea cel Batrin, fueron derribadas en 1829, y, hoy en día, Kiliá no es ni rumana ni húngara, sino rusa. Así como el diablo evita el agua bendita, haga lo propio con el castillo de Bran (Törzburg), al sur de Brasov. El castillo, levantado en el siglo XIII por la Orden de Caballeros Teutones y reconstruido por los ciudadanos de Kronstadt, corresponde con tal exactitud al cliché de los castillos de Drácula que ni siquiera los turistas norteamericanos lo aceptan como residencia del príncipe

En el convento de Cozia

Vlad Tepes. El guía para extranjeros muestra el dormitorio de Drácula, amueblado con una voluminosa cama con un dosel rococó que provoca la risa general: el filme y la realidad se superponen. Con absoluta seguridad, Vlad Tepes jamás pisó Törzburg. Puede seguirse desde aquí, la ruta de la huida del príncipe.

Probablemente pasó por su fortaleza *Poenari*. Las ruinas están en el valle del río Arges, 25 kilómetros al norte de Curtea de Arges. El camino, que sale de allí y atraviesa el macizo de Fagaras hacia Transilvania, es el paso de montaña más elevado de Rumanía (2.045 metros de altitud). Corre paralelo al paso de Roten-Turm y conduce a un magnífico paisaje de montaña.

De Sibiu hacia *Hunedoara,* primitiva residencia de la familia Hunyadi, con su castillo, construido en estilo gótico combinado con hierro. Es demasiado tarde ya para decirle que también puede llegarse a Hunedoara por otra ruta. Después de la inspección a Poenari, vuelva a Curtea de Arges y diríjase al paso de Roten-Turm, pasando por el convento de Cozia hasta Brezoi; desvíese luego hacia el oeste. A partir de allí sigue un camino de montaña, parcialmente asentado, por la cordillera de Lotru hacia Petroseni. Pese a ser un paisaje romántico, salvaje, algo sombrío (osos y bayas), no se adentre en él sin ruedas de recambio.

El viaje de regreso por Hungría debe proyectarse incluyendo los lugares en los que estuvo detenido el príncipe.

Visegrád. El palacio renacentista que Matías Corvinus construyó allí fue restaurado recientemente, al igual que las ruinas del capitolio, más arriba del palacio, y las instalaciones de defensa en Berghang (Torre de Salomón). Justo al lado del capitolio hay un hotel con una vista excelente sobre un recodo del Danubio. Un viaje sobre las huellas de los colmillos y las estacas no puede darse por concluido sin visitar el lugar donde le espera un espléndido retrato del príncipe del que puede disponer diapositivas para llevarse a casa: el castillo de *Amras,* junto a Innsbruck.

*

Un itinerario Drácula, en honor a Vlad Tepes, es algo más que la suma de un relato histórico y una novela de vampiros. Un viaje a través de Rumanía se nutre de la tensión entre dos círculos culturales, que se expresan perfectamente en su arquitec-

En la vieja ciudad de Sighisoara (Schässburg)

tura. Al sur de los Cárpatos, la influencia greco-bizantina; al norte, la gótica, la construcción cerrada, defensiva, de las aldeas alemanas, frente a la estructura abierta, atractiva, de las rumanas. Construcciones campesinas en Transilvania y conventos en Muntenia y Moldavia. Una inmensa variedad de arquitectura aldeana, que por suerte aún no ha quedado sofocada bajo la masa uniforme de las viviendas prefabricadas, eternamente iguales. Pocos son los países en los que el sentido de la historia, del saber por qué algo es como es, se muestra de un modo tan intenso como allí, donde diferentes confesiones, diferentes naciones deben convivir.

Bibliografía

Vlad Tepes-Drácula

Andreescu, Stefan: *Vlad Tepes (Dracula), Intre legenda si adevar istoric,* Bucarest, 1976.

Bleyer, J.: «Ein Gedicht Mchael Beheims über Wlad IV, woiwoden der Walachei (1456-1462)», en *Archiv des Vereins,* Landeskunde, N.F., XXXII, 1903.

Bodgan, I.: *Vlad Tepes si Naturativnile Germane si Rusesti asupra lui,* Bucarest, 1896.

Cazacu, M.: *L'Histoire du prince Dracula, en Europe Centrale et Orientale,* Ginebra, 1988.

Ciobanu, R.S.: *Pe urmele lui Vlad Tepes,* Bucarest, 1979.

Florescu, Radu, y McNally, Raymond: *Dracula. A Biography of Vlad the Impaler, 1431-1476,* Londres, 1974.

Gianfranco, G.: *Drakula. Contributi alla storia delle idee politiche nell'Europa Orientale alle volta del XV secolo,* Venecia, 1972.

Gündisch, G.: «Vlad Tepes und die sächsischen Selbsternaltungsgebiete Siebenbürgens», en *Revue Romaine d'Histoire,* 8, 1969, págs. 981-992.

Harmening, D.: *Der Anfang von Dracula. Zur Geschichte von Geschichten,* Wutzburgo, 1983.

Kirtley, B.F.: «Dracula. The monastic chronides and Slavic folklore», en *Midwest Folklore,* 6, 1956.

Nandris, G.: «The historical Dracula», en *Comparative Literature Studies,* 3, 1966.

Neagoe, M.: *Vlad Tepes. Figura eroica a poporului roman,* Bucarest, 1977.

Stavarus, I.: *Poveresti medievale despre Vlad Tepes-Draculea,* Bucarest, 1978.

Stoïcescu, N.: *Vlad Tepes,* Bucarest, 1976.

Strieder, J.: «Die Erzählung vom wallachischen vojevoden Dracula in der russischen und Deutschen Überlieferung», en *Zeitschr. f. slav. Philologie*, 29, 2, Heidelberg, 1961.

Fuentes

Los manuscritos alemanes sobre Drácula están editados en Condratu, G.: *Michael Beheims Gedicht über den Woivoden Wlad II, Dracul*, tesis, Leipzig, 1903; y en Bogdan, Toan: *Vlad Tepes si Naratiunile Germane si Rusesti asupra lui,* Bucarest, 1896; aquí figura también la edición de un opúsculo alemán sobre Drácula. «Van deme quaden thyrane Dracole Wyda»; el mismo opúsculo también en Engel, Johann Christian: *Geschichte der Moldau und der Walachei*, Halle, 1804; *Das Gedicht Michel Beheims «von ainem wutrich der hies Trakle waida von der Walachei»*, en Gille, H. y Spriewald, J.: *Die Gedichte des Michel Beheim*, vol. I, Berlín, 1968.

Arif, Mehmet (ed.): «Tursun Bey, Chronik», *Revue Historique*, publicada por el Instituto de Historia Otomano, n.º 26-38, Estambul, 1914-1916.

Bekker, E. (ed.): *Laonikos Chalkokondyles, De origine ac rebus gestis Turcorum Corpus Scriptorum Historiae Byzantinae*, Bonn, 1843.

Die letzten Tage von Konstantinopel (der auf den Fall Konstantinopels bezügliche Teil des dem Georgios Sphrantzes zugeschriebenen «Chronicon Maius»), übersetz von Endre von Ivànka, Graz, 1973 (reimpresión).

Documente privind Istoria Romaniei, Veazul XIV, XV.
   A. Moldava, vol. I (1384-1475).
   A. Moldava, vol. 2 (1476-1500), Bucarest, 1954.

Documente privind Istoria Romaniei, Veazul XIII, XIV si XV.
   B. *Tara Romaneasca (1247-1500)*, Bucarest, 1953.

Enea Silvio Piccolomini: *Ausgewählte Texte aus seinen Schriften*, Basilea, 1960.

Grecu, V. (ed.): *Michael Dukas, Historia Turco-Byzantina*, Bucarest, 1948.

Kreutel, Richard (ed.): *Anonyme griechische Chronik (Anonymus Zoras), Leben und Taten der türkischen Kaiser*, Graz, 1971. Ders.: Vom Hirtenzelt zur Hohren Pforte. Frühzeit und Aufstieg des Osmanenreiches nach der Chronik «Denkwürdigkeiten und Zeitläufe des Hauses Osman» von Derwisch Ahmed, gennant Asik-Pascha-Sohn, Graz, 1959.

Kritoboulous de Imbros: *History of Mehmed the Conqueror*, traducido al inglés por C.T. Riggs, Princeton, 1954.

Memoiren eines Janitscharen oder Türkische Chronik, übersetzt von Renate Lachmann, Graz, 1975.

Nano, F.C.: *Condica tratatelor si a altor legaminte ala Romaniei 1354-1937*, Bucarest, 1938.

Panaitescu, Petre P.: *Documentele Tarii Romanesti, vol. I: Documente interne (1369-1490)*, Bucarest, 1938.

Quellen zur Geschichte der Siebenbürger Sachsen 1191-1975, gesammelt und bearbeitet von E. Wagner, Colonia, 1976.

Tappe, E.D.: *Documents concerning Rumanian History (1427-1601)*, Londres, 1964.

Urkundenbuch zur Geschichte der Deutschen in Siebenbürgen, vol. 5, 1438-1457, editado por F. Zimmermann y adaptado por G. Gündisch, Colonia-Viena, 1975.

Bizancio

Hertzberg, G.F.: *Geschichte der Byzantiner und des osmanischen Reiches*, Berlín, 1883.

Hussey, Joan M. (ed.): *The Byzantine Empire*, 2 vols., Cambridge, 1966-1967.

Kashdan, Alexander: *Byzanz. Aufstieg und Untergang des Oströmischen Reiches*, Berlín, 1964.

Maier, Franz Georg (ed.): *Byzanz*, Frankfurt-M., 1973.

Ostrogorsky, Georg: *Geschichte des Byzantinischen Staates*, Munich, 1952.

Runciman, Steven: *Die Eroberung von Konstantinopel 1453*, Munich, 1969. Traducción castellana: *La caída de Constantinopla*, Madrid, 1973.

Wirth, Peter: *Gründzüge der byzantinischen Geschichte*, Darmstadt, 1976.

Imperio romano-germánico

Aschbach, Joseph: *Geschichte Kaiser Sigismund's Bde.*, Hamburgo, 1838-1845.

Bezold, Friedrich von: *König Sigmund und die Reichskriege gegen die Hussiten,* Hildesheim, 1976 (reimpresión a partir de la edición de 1872-1877).

Diwald, Hellmut: *Anspruch auf Mündigkeit um 1400-1555,* «Propyläen Geschichte Europas», n.º 1.

Leuschner, Joachim: *Deutschland im späten Mittelalter,* Göttingen, 1975.

Loserth, Johann: *Geschichte des späteren Mittelalters von 1197 bis 1492,* Munich y Berlín, 1903.

Romano, Ruggiero/Tenenti, Alberto: *Die Grundlegung der modernen Welt.* — *Spätmittelalter, Renaissance, Reformation,* Frankfurt-M., 1967. Traducción castellana: *Los fundamentos del mundo moderno.* — *Edad Media tardía, Renacimiento, Reforma,* Madrid, 1971.

Waley, Daniel: *Later Medieval Europe,* Londres, 1964.

Reino otomano

Babinger, Franz: *Mehmed der Eroberer und seine Zeit,* Munich, 1959.

Brockelmann, Carl: *Geschichte der islamischen Völker und Staaten,* Munich y Berlín, 1939.

Coles, Paul: *The Ottoman Impact on Europe,* Londres, 1968.

Grunebaum, Gustave Edmund (ed.): *Der Islam II* — *Die islamischen Reichenach dem Fall von Konstantinopel,* Frankfurt/M., 1971.

Hammer-Purgstall, Joseph: *Geschichte des Osmanischen Reiches,* 4 vols., Budapest, 1834-1835 (reimpresión, 1963).

Inalcik, Halil: *The Ottoman Empire,* Londres, 1973.

Iorga, Nicolae: *Geschichte des Osmanischen Reiches,* 5 vols., Gotha, 1908-1913.

Miller, William: *The Ottoman Empire,* Cambridge, 1923.

Shaw, Stanford: *History of the Ottoman Empire, vol. I, 1280-1808,* Cambridge, 1976.

Werner, Ernst: *Die Geburt einer Grossmacht* — *Die Osmanen,* Viena, 1972.

Zinkeisen, J.W.: *Geschichte des osmanischen Reiches in Europa,* 7 vols., Hamburgo, 1840-1863.

Rumanía

Block, Martin: *Die Kultur Rumäniens* en «Handbuch der Kulturgeschichte». *Véase también* Eugen Thurner: *Die Kulturen der südlichen Romania*, Constanza, 1964.

Chirot, Daniel: *Social Change in a Peripheral Society*, Nueva York, 1976.

Chronological History of Roumania, Bucarest, 1974.

Elekes, L.: «Die Anfänge der rumänischen Gesellschaft. Versuch einer rumänischen Entwicklungsgeschichte im 13-16 Jahrhundert», *en Archivum Europae Centro-Orientalis*, n.º 7, 1941.

Engel, Johann Christian: *Geschichte der Moldau und der Walachei*, Halle, 1804. Contiene un opúsculo en alemán sobre Drácula, titulado «Uan deme quaden thyrane Dracole Wyda».

Fisher-Galati, Stephen, A.: *Romania*, Nueva York, 1957.

Forges, N.: *The Balkans: A History of Bulgaria, Serbia, Greece, Rumania and Turkey*, Oxford, 1915.

Gündisch, Gustav: «Vlad Tepes und die sächsischen Selbsterwaltungsgebiete Siebenbürgens», en *Revue Roumaine d'Histoire*, n.º 8, 1969.

Huber, Manfred: *Grundzüge der Geschichte Rumäniens*, Darmstadt, 1973.

Iorga, Nicolae: *Geschichte der Rumänen und ihrer Kultur*, Hermannstadt (Serbia), 1929.

Ders: *Geschichte des rumänischen Volkes*, 2 vols., Gotha, 1905.

Karadja, Constantin J.: *Die ältesten gedruckten Quellen zur Geschichte der Rumänen*, en «Guthenberg-Jahrbuch», 1934 («Dracula»-Holzschnitte).

Kirtley, Basil F.: «Dracula, The Monastic Chronicles and Slavic Folklore», en *Midwest Folklore*, n.º 6, 1956, págs. 133-139.

Nandris, Grigore: «The Historical Dracula», en *Comparative Literature Studies*, n.º 3, 1966, págs. 367-396.

Otetea, Andrei (ed.): *The History of the Romanian People*, Nueva York, 1972.

Rosetti, R.: «Stephen the Great and the Turkish Invasion», en *Slavonic Review*, n.º 16, junio de 1927.

Schevill, Ferdinand: *The History of the Balkan Peninsula*, Nueva York, 1933.

Seton-Watson, Robert William: *History of the Rumanians*, Cambridge, 1934 (reimpreso en 1964).

Stadtmüller, Georg: *Geschichte Südosteuropas*, Munich, 1976.

Striedter, Jurij: «Die Erzählung vom wallachischen Vojevoder Dracula in der russischen und deutschen Überlieferung», en *Zeitschr. f. slav. Philologie*, n.º 29, vol. 2, Heidelberg, 1961.

Zach, Krista: *Orthodoxe Kirche und rumänisches Volksbewusstsein im 15 bis 18 Jahrhundert*, Wiesbaden, 1977.

Transilvania

Horvath, Eugen: *Die Geschichte Siebenbürgens*, Leipzig y Budapest, 1943.

Jickeli, Fritz: «Der Handel der Siebenbürger Sachsen in seiner geschichtlichen Entwicklung», en *Archiv des Vereins f. siebengürg, Landeskunde, N.F.*, XXXIX, 1910.

Kaindl, R.F.: *Geschichte der Deutschen in den Karpatenländern*, vol. 2 de *Geschichte der Deutschen in Galizien, Ungarn, der Bukowina u. Rumänien*, Gotha, 1910.

Pascu, Stefan: *Der transsilvanische Volksaufstand 1437-1438*, Bucarest, 1964.

Schwob, Monika: *Kulturelle Beziehgen zwischen Nürnberg und den Deutschen im Südosten im 14 bis 16 Jahrhundert*, Munich, 1969.

Teutsch, Friedrich: *Geschichte der Siebenbürger Sachsen*, Hermannstadt, 1907.

Ders.: *Kleine Geschichte der Siebenbürger Sachsen*, Colonia-Viena, 1965.

Hungría, Polonia, Albania

Bogyay, Thomas von: *Grundzüge der Geschichte Ungarns*, Darmstadt, 1977.

Gopcevic, Spiridion: *Geschichte von Montenegro und Albanien*, Gotha, 1914.

Macortney, Aylmer C.: *Geschichte Ungarns*, Stuttgart, 1971.

Meyer, Erno: *Grundzüge der Geschichte Polens*, Darmstadt, 1977.

Rhode, Gotthold: *Geschichte Polens*, Darmstadt, 1966.

Zsolnay, Vilmos von: *Vereinigungsversuche Südosteuropas im XV. Jahrhundert — Johann von Hunyadi*, Frankfurt-M., 1967.

Venecia

Hellmann, Manfred: *Grundzüge der Geschichte Venedigs*, Darmstadt, 1976.

Kretschmayr, Heinrich: *Geschichte von Venedig*, Aalen, 1964 (reimpresión de la edición, Stuttgart 1905-1934, 3 vols.).

Michel Beheim

Bleyer, J.: «Ein Gedicht Michael Beheims über Wlad IV, Woiwo-

den der Walachei (1456-1462), en *Archiv des Vereins f. sieben-bürg. Landeskunde, N.F.*, XXXII, 1903.
Condratu, G.C.: *Michael Beheims Gedichte über den Woiwoden Wlad II. Dracul*, tesis, Leipzig, 1903.
Gille, Hans: *Die Historischen und Politischen Gedichte Michel Beheims*, Berlín, 1910.

Historia militar

Delbrück, Hans: *Geschichte der Kriegskunst im Rahmen der politischen Geschichte*, Berlín, 1923.
Demmin, August: *Die Kriegswaffen in ihrer geschichtlichen Entwicklung von den ältesten Zeiten bis auf die Gegenwart*, Hildesheim, 1964.
Erben, Wilhelm: *Kriegsgeschichte des Mittelalters*, Munich y Berlín, 1929.
Halecki, Oskar: *The Crusade of Varna*, Nueva York, 1943.
Köhler, G.: *Die Schlachten bei Nicopoli und Warna*, Breslau, 1882.
Lot, F.: *L'art militaire et les armées au Moyen Age en Europe et dans le Prochain-Orient*, 2 vols., París, 1947.
Oman, Charles: *A History of the Art of War in the Middle Ages*, Nueva York, 1924.
Schlözer, Leopold von: *Ursprung und Entwickelung des alttürkischen Heeres*, 1900.
Schurz, Heinrich: «Die Janitscharen», en *Preuss. Jahrb*, n.° 112, 1903.
Vaughan, D.M.: *Europe and the Turk 1350-1700*, Londres, 1954.

Sociocultura y economía política

Borst, Arno: *Lebensformen in Mittelalter*, Frankfurt-M., 1979.
Elias, Norbert: *Über den Prozess der Zivilisation — Soziogenetische und psychogenetische Untersuchungen*, 2 vols., Frankfurt-M., 1978.
Jacoby, Henry: *Die Bürokratisierung der Welt*, Neuwied, 1969.
Huizinga, Johan: *Herbst des Mittelalters*, Stuttgart, 1975. Traducción castellana: *El otoño de la Edad Media*, Madrid, 1978.
Kuchenbuch, Ludolf (ed.): *Feudalismus — Materialen zur Theorie und Geschichte*, Frankfurt-M., 1977.
Rodinson, Maxime: *Islam und Kapitalismus*, Frankfurt-M., 1971.

213

Sweezy, Paul: *Der Ubergang vom Feudalismus zum Kapitalismus,* Frankfurt-M., 1978. Traducción castellana: *La transición del feudalismo al capitalismo,* Madrid, 1975.

Wittfogel, Karl A.: *Die Orientalische Despotie, Eine Vergleichende Untersuchung totaler Macht,* Frankfurt-M., 1977. Traducción castellana: *El despotismo oriental. Un estudio comparativo del poder totalitario,* Madrid, 1966.

Derecho penal, brujas, herejes

Diefenbach, Johann: *Der Hexenwahn vor und nach der Glaubensspaltung in Deutschland,* Leipzig, 1979 (reimpresión).

Grigulevic, J.R.: *Ketzer — Hexen Inquisitoren, Geschichte der Inquisition,* 2 vols., Berlín, 1976.

Grundmann, H.: *Ketzergeschichte des Mittelalters,* 1963.

Hammes, Mandred: *Hexenwahn und Hexenprozesse,* Frankfurt-M., 1977.

Helbing, Franz: *Die Tortur. Geschichte der Folter im Kriminalverfahren aller Zeiten und Völker,* Berlín, 1926.

His, Rudolf: *Das Strafrecht des deutschen Mittelalters,* 2 vols., Aalen, 1964 (reimpresión de la edición de Weimar, 1920).

Geschichte des deutschen Strafrechts bis zur Karolina, Munich y Berlín, 1928.

Lea, Henry Charles: *Geschichte der Inquisition im Mittelalter,* Bonn, 1909-1913.

Leff, Gordon: *Heresy in the later Middle Ages (1250-1450),* 2 vols., Manchester, 1967.

Schmidt, Eberhard: *Einführung in die Geschichte der deutschen Strafrechtspflege,* Göttingen, 1951.

Soldan-Heppe: *Geschichte der Hexenprozesse,* nueva edición, ampliada y corregida, de Max Bauer, 2 vols., Hanau-M. o J. (reimpresión).

Stobbe, Otto: *Die Juden in Deutschland während des Mittelalters in politischer, sozialer und rechtlicher Beziehung,* Amsterdam, 1968 (reimpresión de la edición de Braunschweig, 1866).

Thomasius, Christian: *Über die Folter — Untersuchungen zur Geschichte der Folter. Übersetzt und hrsg. von Rolf Lieberwith,* Weimar, 1960 (también publicado en *Die Aufnahme der Folter in das mittelalterliche-deutsche Strafverfahren,* págs. 13-113).

Vampiros

Copper, Basil: *Der Vampir in Legende, Kunst und Wirklichkeit*, Munich, 1974.

Farson, Daniel: *Vampire und andere Monster*, Frankfurt-M., 1978. Traducción castellana: *Hombre lobo, vampiros y aparecidos*, Barcelona, 1976.

Ludlam, Harry: *A Biography of Dracula: The Life Story of Bram Stoker*, Londres, 1962.

Masters, Anthony: *The Natural History of the Vampire*, Londres, 1972. Traducción castellana: *Historia natural de los vampiros*, Barcelona, 1974.

Nandris, Grigore: *The Dracula Theme in the European Literature of the West and of the East*, Nueva York, 1965.

Pirie, David: *Vampir-Filmkult, Internationale Geschichte des Vampirfilms vom Stummfilm bis zum modernen Sex-Vampir*, Gütersloh, 1977.

Silver, Alan y Ursini, James: *The Vampire Film*, Londres, 1976.

Sturm, Dieter y Völker, Klaus (ed.): *Von denen Vampiren oder Menschensaugern, Dichtungen und Dokumente*, Munich, 1967.

Summers, Montague: *The Vampire, his kith and kin*, Nueva York, 1960.

Varios: *The Vampire in Europe*, Nueva York, 1968.

Wright, Dudley: *Vampires and Vampirism*, Londres, 1924.

Revistas y fuentes auxiliares

East European Quaterly, dirigida por Stephen Fisher-Galati, Universidad de Colorado.

Revue Roumaine d'Histoire.

Südostforschungen, Internationale Zeitschrift für Geschichte, Kultur und Landeskunde Südosteuropas, dirigida por Mathias Bernth.

Kornrumpf, Hans Jürgen y Jutta en *Osmanische Bibliographie mit besonderer Berücksichtigung der Türkey in Europa*, Leiden y Colonia, 1973.

Südosteuropa-Bibliographie, patrocinada por el Südost-Institut de Munich desde 1956.

Notas

Una Dieta (1431)

1. Estamentos imperiales eran aquellos que tenían voz y voto en la Dieta: *a)* los príncipes religiosos (los electores, simultáneamente los arzobispos de Colonia, Maguncia y Trier; arzobispos y obispos; abades y abadesas de las abadías inmediatamente dependientes del reino); *b)* los príncipes laicos (electores, duques, príncipes y condes); *c)* las ciudades imperiales (por ejemplo, Nuremberg, Frankfurt, Hamburgo; aproximadamente unas setenta).
2. En el siglo xv, las dos partes que hoy forman la ciudad de Budapest eran aún independientes. Buda u Ofen, con el castillo real, queda a la derecha del Danubio, y Pest a la izquierda.
3. El ejército conducido por Segismundo sufrió una dura derrota en Nicópolis (1396). El rey a duras penas logró escapar.
4. En 1402, el ejército turco del khan mongol Timur Lang (Tamerlán) fue completamente vencido, y el sultán Bajesid cayó prisionero. Tras la muerte de Bajesid, en 1403, sus cinco hijos se disputaron el poder durante diez años hasta que, por fin, se impuso Mehmed I.
5. En 1211-1225, habían intentado convertir a Kronstadt en el punto central de un estado de la Orden Teutónica en Transilvania. El plan no fue apoyado por los colonos alemanes ni por el rey de Hungría. La Orden debió abandonar sus posesiones, siguiendo un llamado del rey de Polonia.

Revueltas valacas (1431-1442)

1. Término técnico que divide las fuerzas comerciales representadas en la Dieta de aquellas que no lo están.
2. Puede hallarse una bella saga de los szekler en F. Muller y M. Orend, *Siebenbürgische Sagen,* Göttingen, 1972, págs. 275 y ss.
3. Cf. Robert William Seton-Watson, *History of the Rumanians,* Cambridge, 1934.

4. La excomunión recíproca no fue levantada hasta 1965.

5. Prohibición que los rumanos salvaron mediante la creación de una arquitectura exclusivamente hecha en madera. Visítese Cuhea al norte de Transilvania.

6. Richard Friedenthal, *Ketzer und Rebell — Jan Hus und das Jahrhundert der Revolutionskriege,* Munich, 1972, págs. 442 y 443. Un excelente libro.

7. Citado de las *Fuentes para la historia de la Sajonia transilvana,* reunidas y elaboradas por Ernest Wagner, Colonia, 1976, pág. 66.

8. *Op. cit.,* pág. 71. Cito sobre la base de la evidencia del apéndice redactado el 6 de febrero de 1438.

9. Citado de Joseph Loserth, *Geschichte des Späteren Mittelalters,* Munich y Berlín, 1903, pág. 512.

10. El soberano de Serbia llevaba esta denominación como título honorífico. En el Imperio bizantino, al que Serbia había pertenecido, era una denominación honorífica del príncipe imperial, empleada para los gobernadores de provincia y los príncipes vasallos. Su sentido peyorativo, que evoca la arbitrariedad, data de épocas posteriores.

11. Citado de las *Fuentes para la Historia de la Sajonia Transilvana, op. cit.,* págs. 72-73.

12. La corona que llevaba el nombre de Esteban el Santo (997-1038), primer rey de Hungría. Con ella debía coronarse a (casi) todos los reyes húngaros.

13. Crónica griega anónima (Anonymus Zoras), en *Leben und Taten der türkischen Kaiser,* editado y traducido al alemán por Richard Kreutel, Graz, 1971, pág. 76.

14. Fuentes turcas, citadas de Vilmos von Zsolnay, *Vereinigungsversuche Südosteuropas im XV Jh. — Johann von Hunyadi,* Frankfurt-M., 1967, pág. 48; nota 18.

El amigo del Poniente (1442-1444)

1. La unión eclesiástica duró poco tiempo. En Constantinopla se elevaron fuertes protestas; el principal representante de la teología griega, Marcus Eugenicus, arzobispo de Efeso, rechazó la firma; y, en 1443, los patriarcas de Alejandría, Antioquía y Jerusalén excomulgaron a los «unidos».

2. Desde principios del siglo XIV, Asia Menor estaba dividida en distintos ámbitos del poder turco. Uno de esos principados, que fundó un turco llamado Otomán, se convirtió, a lo largo de cien años, en un estado al que llamamos Imperio turco, de modo un tanto incorrecto, puesto que así se monopoliza el término. Para diferenciarse de los demás principados, estos turcos se llamaron a sí mismos otomanos, y, por lo tanto, su imperio fue conocido como el Imperio otomano.

217

3. Citado de Arno Borst, *Lebensformen im Mittelalter*, Frankfurt-M., 1973, pág. 632.

4. Los bogomilos («amigos de Dios»), al igual que los albigenses en Francia, formaron un movimiento de protesta contrario a las Iglesias establecidas en Oriente y Occidente. Exigían el retorno a la doctrina de Jesús, reconocían sólo partes de la Biblia, especialmente el Nuevo Testamento, y se oponían a la amoralidad del clero, reclamando un severo ascetismo (celibato, ausencia de posesiones materiales, alimentación vegetariana). Rechazaban la eucaristía y el bautizo, e insistían en la prioridad del sermón durante el servicio divino.

5. Citado de Zsolnay, *Vereinigunsversuche, op. cit.*, pág. 160.

6. *Op. cit.*, pág. 55, nota 73: *«[...] ut imperium finesque suos non solum tuerentur sed etiam ad Hellespontum et Aegeum usque mare propagaret».*

7. *Op. cit.*, pág. 60, nota 31: *«[...] spes est victoriam hanc in his partibus parituram magnas novitates contra Turcos et multos alienaturam ab eorum obedientia».*

8. Anonymus Zoras, *op. cit.*, págs. 77-78.

9. Karl May, *Der Schut*, Herrsching D.J., págs. 233-234.

10. *Memoiren eines Janitscharen oder Türkische Chronik*, introducción y traducción al alemán por Renate Lachmann, Graz, 1975, pág. 97.

11. Johann Christian Engel, *Geschichte der Moldau und der Walachei*, Halle, 1804.

12. «El alumbre era un mineral necesario para la producción textil. Era insustituible para mejorar la consistencia y la vivacidad de las telas. Como el alumbre sólo se encuentra en las rocas volcánicas, era extraordinariamente costoso y difícil de conseguir.» Ernst Piper, *Savonarola*, Berlín, 1979, pág. 27.

Se empleaba además en el curtido de cueros; en medicina, como coagulante sanguíneo y en polvos dentífricos; y como aditamento del pan para mejorar la calidad de la harina. En 1437, los genoveses habían arrendado al sultán el monopolio de la explotación de alumbre en Lesbos y Asia Menor. Tan sólo en 1462, luego de que se descubriera un gran yacimiento de alumbre al norte de Roma, se independizaron del alumbre turco.

Digresión: mito y sociedad en el siglo XV

1. Entre 1453 y 1623, de 48 visires (ministros) sólo cinco fueron turcos.

2. Una «eterna paz nacional» fue proclamada en el Imperio alemán por Maximiliano I en 1495. Pero no vayamos tan lejos.

3. *El Corán*, traducido al alemán por Ludwig Ullmann, Munich, 1959, pág. 153.

4. O. Halecki, por el contrario, brinda un punto de vista más antropológico: «En un ataque heroico, que recuerda al de los franceses en Nikópolis *(sic!)*, cayó el rey, a sus veinte años, y con él la mayoría de los caballeros polacos». Oscar Halecki, *Geschichte Polens*, Frankfurt-M., 1963, pág. 80.

5. Hasta qué punto los turcos combatían mejor porque, antes de la batalla, bebían una taza de café, no viene aquí a cuento. Para un análisis más profundo de esta problemática, recomiendo el libro de Heinrich E. Jacob, *Sage und Siegeszug des Kaffees*, Hamburgo, 1952.

Los últimos días de Vlad Dracul (1444-1447)

1. Citado de Borst, *Lebensformen, op. cit.*, pág. 632.

El «viajero en asuntos de poder» (1448-1456)

1. Citado de Zsolnay, *Vereinigungsversuche, op. cit.*, pág. 10.
2. *Memoiren eines Janitscharen, op. cit.*, pág. 103.
3. Calcocondilo fue un historiador bizantino (1452- c. 1490) escribió una historia de los turcos y de la caída del Imperio bizantino en diez volúmenes.
4. Franz Babinger, *Mehmed der Eroberer und seine Zeit*, Munich, 1959, pág. 222.
5. Tras la conquista de Constantinopla por los cristianos de la Cuarta Cruzada (1204), un príncipe de la familia imperial bizantina huyó a Trapezunt y fundó allí su propio imperio. En el curso de sus doscientos cincuenta años de historia, éste debió soportar progresivas pérdidas de territorio y, hacia el año 1450, comprendía apenas algo más que la ciudad. No obstante era un centro comercial importante y pagaba al sultán el tributo de un principado (2.000 ducados).
6. «Die letzte Tage von Konstantinopel» (la parte correspondiente a la caída de Constantinopla en la *Cronicon Maius*, atribuida a Georgius Sphrantzes), traducido por Endre von Ivànka, Graz, 1973 (reimpresión).
7. Rodney H. Hilton, *Ein Kommentar (Zum Uebergang vom Feudalismus zum Kapitalismus)* en Paul Sweezy y otros, *Der Uebergang vom Feudalismus zum Kapitalismus*, Frankfurt-M., 1978, pág. 154, y en Ludolf Kuchenbuch (ed.) *Feudalismus — Materialien zur Theorie und Geschichte*, Frankfurt-M., 1977, pág. 398.
8. Fuente turca citada de Baptistin Poujoulat, *Geschichte des Osmanischen Reiches*, Leipzig, 1853, pág. 45.
9. Citado de Borst, *Lebensformen, op. cit.*, págs. 632-633.

10. Citado de Zsolnay, *Vereinigungsversuche, op. cit.,* pág. 133.

11. *Op. cit.,* pág. 137.

12. *Biographisches Lexikon zur Geschichte Südosteuropas,* M. Bernath y F. von Schroeder (eds.), vol. 2, Munich, 1976, pág. 289.

13. Cf. el capítulo «Diktatur Gottes» en Ernst Piper, *Savonarola,* Berlín, 1979, págs. 71 y ss.

14. *Mateo,* 10, 37-39; y 19, 29.

15. Nicolae Iorga, *Geschichte des Osmanischen Reiches,* vol. 2, Gotha, 1909, pág. 78.

16. *Op. cit.,* pág. 79.

Objetivo alcanzado: Vlad Tepes, voivoda de Valaquia (1456-1462)

1. En una novela histórica del siglo XIX, *Donauritte,* de Bronsteslaw Briegel, se pone de manifiesto la unidad de los personajes. Briegel concibe los acontecimientos como un conflicto generacional, y hace que las «nuevas generaciones de soberanos» (Mehmed nació en 1432, Vlad Tepes en 1431, Esteban el Grande en 1437 y Matías Hunyadi en 1443) se encuentren en una taberna al norte de Tirnovo. Allí hablan sobre su plan de revolucionar el mundo, orientando las sociedades de entonces hacia un estado absolutista. La ficción tiene su encanto. Comparados con sus padres, imaginados como encarnación del equilibrio y la ponderación, los cuatro encarnan un nuevo tipo de soberano, que habría de germinar en el campo tensional del concepto de príncipe renacentista y déspota.

2. Nicolás Maquiavelo, *El príncipe,* edición alemana a cargo de Zorn, Stuttgart, 1963, pág. 38.

3. Michel Beheim (1416-1475), contemporáneo de Vlad Tepes, vivió en la corte del rey húngaro Ladislao V y, luego de la muerte de éste, se aproximó a Federico III; finalmente, en Heidelberg, elogió los actos del elector Federico I del Palatinado. *«Michel Beheim, von ainem wutrich der hies Trakle waida von der Valachei»,* en H. Gille y J. Spriewald (eds.), *Die gedichte des Michel Beheim,* tomo 1, Berlín, 1968, pág. 288, vers. 88-90.

4. Calcocondilo, citado de Engel, *Geschichte, op. cit.* (Cf. también nota 4 del capítulo cuarto de este libro).

5. *Beheim, von ainem wutrich, op. cit.,* pág. 298, vers. 475-476.

6. *Op. cit.,* pág. 280, vers. 171-172 (transcripción libre).

7. St. Gallener Manuskript, Nr. 806, citado de Ioan Bogdan, *Vlad Tepes si naratiunile Germane si Rusesti asupra lui,* Bucarest, 1896, pág. 104.

8. *Beheim, von ainem wutrich, op. cit.,* pág. 296, vers. 384-393.

9. Fuente rumana, citada de R. Florescu y McNally, *Dracula, a Biography of Vlad the Impaler (1431-1476),* Londres, 1974, págs. 66-67.

10. Citado de Engel, *op. cit.,* pág. 78, y Florescu y McNally, *op. cit.,* pág. 79 (fuentes alemana y rusa).

11. St. Gallener, Manuskript, *op. cit.*, págs. 100-101.
12. Compilado y adaptado de fuentes rusas (Florescu y McNally, *Dracula, op. cit.*, págs. 87-88) y alemanas (Bogdan, *Vlad Tepes, op. cit.*, pág. 105).
13. Citado de Babinger, *Mehmed, op. cit.*, pág. 232.
14. Calcocondilo, citado de Engel, *Geschichte der Moldau, op. cit.*, pág. 175.
15. Citado de Florescu y McNally, *Dracula, op. cit.*, págs. 92-94.
16. *Memoiren eines Janitscharen, op. cit.*, págs. 133-134.
17. Fuente turca, citada de Jorga, *Geschichte, op. cit.*, pág. 116.
18. Engel, *Geschichte der Moldau, op. cit.*, pág. 176.
19. Calcocandilo, citado de Engel, *op. cit.*, pág. 177.

Digresión: la crueldad en el último período de la Edad Media

1. Jurij Striedter, «Die Erzählung vom walachischen Vojevoden Drakala in der Russischen und Deutschen Überlieferung», *en Zeitschr. f. slav. P ilologie*, vol. 29, cuad. 2, Heidelberg, 1961, pág. 414.
2. *Süddeutsche Zeitung*, 28-VI-1978.
3. Nicolae Stoicescu, *Vlad Tepes*, Bucarest, 1976, pág. 238.
4. Philippe de Commynes, *Memoiren*, ed. por F. Ernst, Stuttgart, 1952, pág. 274.
5. Poujoulat, *op. cit.*, pág. 26.
6. Georges Bataille, *El verdadero Barbazul. La tragedia de Gilles de Rais*, col. «Cuadernos Infimos», n.º 35, Tusquets Editores, Barcelona, 1972.
7. Norbert Elias, *Über den Prozess der Zivilisation*, vol. 1, Frankfurt-M., 1977, págs. 265-268.
8. Alwin Schulz, *Deutsches Leben im XIV und XV. Jahrhundert*, Viena, 1892, pág. 111.
9. Rudolf Hess, *Das Strafrecht des deutschen Mittelalters*, parte 1, Aalen, 1964, pág. 517.
10. *Op. cit.*, pág. 520.
11. Soldan y Heppe, *Geschichte der Hexenprozesse*, vol. 1, Hanau-M., O.J. (reimpresión), pág. 243.
12. Movimiento religioso fundado por Petrus Waldus, un rico comerciante de Lyon, quien repartió sus bienes entre los pobres para emular a Cristo y sus apóstoles. En 1814 fue excomulgado. El movimiento valdense se extendía por el sur de Francia, el norte de Italia, Alemania, Bohemia, Hungría y Polonia. Fueron cruelmente perseguidos por la Inquisición y aniquilados casi por completo.
13. Citado de J.R. Grigulevic, *Ketzer-Hexen, Inquisitores*, Berlín, 1976, pág. 159.

14. Johan Huizinga, *Herbst des Mittelalters*, Stuttgart, 1975, págs. 24-25.

15. *Beheim, von ainem Wutrich*, op. cit., pág. 293, vers. 271-276.

16. Roland Villeneuve, *Grausamkeit und Sexualität*, Stuttgart, 1968, pág. 89. Aquel tribunal de guerra francés, que condenó al asesino del general Kleber a ser empalado vivo tras quemarle la mano derecha, también confió en el efecto aterrador de este castigo. La ejecución fue llevada a cabo en El Cairo, en 1800.

Caída y último ascenso (1462-1476/77)

1. Los eruditos del tema ofrecen toda una gama de distintas hipótesis acerca de este lugar: 1) Rauthel (Rudaly), junto a Schässburg; 2) Castillo de Königstein (Piatra Craiului), a unos 25 kilómetros al oeste de Kronstadt; 3) el paso de Roten-Turm; 4) Rucar, al sur de Kronstadt, en la frontera transilvano-valaca.

2. Fuente rusa, citada de Florescu y McNally, *Dracula*, op. cit., pág. 113.

3. Engel, *Geschichte der Moldau*, op. cit., pág. 131.

4. Federico III fue coronado emperador en Roma, en el año 1452.

5. Babinger, *Mehmed*, op. cit., pág. 382.

6. Ioan Bogdan, *Documentele lui Stefan cel Mare*, vol. 2, Bucarest, 1913, pág. 354.

7. Engel, *Geschichte der Moldau*, op. cit., pág. 141. La misión polaca alcanzó a Mehmed cerca de Varna cuando él marchaba ya sobre Moldavia. La recibió de un modo irónico y amable, asegurándole con sinceridad que tomaría en cuenta sus ruegos para otra ocasión, pero que esta vez no era posible dado que ya había puesto a su ejército en movimiento.

8. Citado de Christian M. Schöne, «Furst Dracula, ein grausamer patriot», *Frankfurter Rundschau*, 7 de abril de 1979.

9. Elias Canetti, *Masa y poder*, Muchnik Editores, Barcelona, 1980.

Epílogo. Bram Stoker, Vlad Tepes y la leyenda del vampiro

1. Octavian Buhociu, *Die rumänische Volkskultur und ihre Mythologie*, Wiesbaden, 1974, págs. 35 y ss, y pág. 242.

2. *Apocalipsis*, 12, 3 y 7-9.

3. *Handwörterbuch des Deutsches Aberglaubens*, Hanns Bächtold-Stäubli (ed.), vol. 2, pág. 366, Berlín-Leipzig, 1929-1930. Cf. también Ernest Ingersoll, *Dragons and Dragon Lore*, Nueva York, 1928.

4. Cf. Will Erich Peuckert, *Deutscher Volksglaube des Spätmittelalters*, Stuttgart, 1942, y *Handwörterbuch des Deutschen Aberglaubens*, op. cit.,

págs. 1.579, y ss y 1.593 (para el ámbito eslavo). *Véase también* Wessely, *Die Gestalten des Todes und des Teufels in der darstellenden Kunst,* Leipzig, 1876.

5. *Draculas Gast,* relato que fue publicado después de la muerte de Stoker (1912). Reeditado en Bram Stoker, *Im Haus des grafen Dracula,* relatos escogidos y compilados por Michael Krüger, Munich, 1980.

6. Radu Florescu y Raymond T. McNally, *In Search of Dracula,* Greenwich (Connecticut), 1972, pág. 180.

7. Agnes Murgoci, «The Vampire in Roumania», *folk-lore,* n.º 14, Londres, 1926, pág. 326.

8. *Op. cit.,* págs. 324-325.

9. Citado de Basil Copper, *Der Vampire in Legende, Kunst und Wirklichkeit,* Munich, 1974, pág. 65.

Pequeña guía de viajes Drácula

1. En la Szèchènyi-Bibliothek puede consultarse sin dificultad el original de un folleto alemán sobre Drácula: «*Uan deme quaden thyrane Dracole Wyda*».

2. Cluj-Napoca es el pueblo natal del rey. La casa donde nació, no demasiado atractiva, está en la calle Matei Corvin, 6.

3. Daniel Farson, *Vampire und andere Monster,* Frankfurt-M., 1978, pág. 12.